KB270118

초중급
불문법
총정리

초판 1쇄 발행일   2017년 3월 31일
초판 3쇄 발행일   2022년 2월 7일

저 자   신중성
발 행 인   신현규
책임편집   김혜미
북디자인   Design Didot 디자인디도
발 행 처   도서출판 신중성어학원
주 소   서울특별시 종로구 우정국로2길 21, 대왕빌딩 603호 (관철동)
전 화   (02) 733-8279
팩 스   (02) 734-8540
등록일자   2016년 08월 1일 제300-2016-78호

ISBN   979-11-958676-1-5 13760

신중성 저

머리말

　프랑스어 전문 어학원이며, 프랑스어 전문 출판사인 신중성 어학원에서 프랑스어 입문자를 위한 '신중성 프랑쎄'의 다음 과정 교재인 '초중급 불문법 총정리'를 출간하게 되어 우선 매우 기쁘게 생각합니다.

　본 교재는 효율적인 활용을 위해서 초중급 문법 핵심 예문과 더불어 각 문법 파트별로 자세히 설명해 놓은 부분을 충분히 숙지해 가면서, 최종적으로는 연습문제를 통해 문법을 다시 한 번 더 확인하도록 구성되어 있습니다.

　또한, 본 교재는 왕초보 과정을 마친 분들을 위한 초중급 문법 위주의 교재이지만, 문법 확인을 위한 읽기 연습도 함께 학습할 수 있도록 기획된 교재입니다. 1개월 과정으로 진행되는 강좌인 '초중급 불문법 총정리'에서 본 교재 제2부에 있는 '초중급 집중 독해 & 핵심 문법' 파트까지 시간상 진도를 나갈 수는 없지만, 문법 정리 후 혼자서 독학 하실 수 있도록 이 파트에 대해서도 교재에 자세히 설명을 해놓았습니다.

　아울러, 본 교재는 문법만 배워서는 문장의 구성과 흐름을 전체적으로 익히기에는 무리가 있으므로 문법 정리 후에 혼자서 시간을 내어 읽기 훈련을 집중적으로 할 시간이 없으신 분들을 위한 교재로서 '초중급 집중독해 & 핵심 문법' 강좌를 위한 교재로도 쓰일 예정입니다.

정리하자면, 문법 정리만을 단기간에 원하시는 분들은 1개월 완성 강좌인 '초중급 불문법 총정리' 과정을 마친 후, 바로 '중급 불문법 총정리' 과정을 수강하며 제2부에 있는 '초중급 집중독해 & 문법 연습'을 독학하시면 되겠습니다. 그러나 학업에 시간상 여유가 있으신 분들은 '초중급 집중독해 & 문법 연습' 강좌를 한 달 더 수강한 후에 '중급 불문법 총정리' 과정으로 들어가면 보다 더 여유롭고 확실한 학습과정이 되겠습니다.

프랑스어 학습을 계속하고자 하는 학생들이 이 교재를 통해 초중급 과정의 프랑스어 문법과 독해, 두 마리 토끼를 잡기를 바랍니다.

신 중 성

차례

제2부 초중급 집중독해 & 핵심 문법

부록

제1부

초중급 불문법

제1과

TEXTE

1. C'est la plus rapide de ces voitures.

2. C'est la moins légère de ces malles.

3. On y boit le meilleur café de Paris.

4. Elle sait le mieux la société de la région.

5. Voici des concombres. Cueilles-en.

6. Voici des cerises. Cueilles-en dix.

7. Donnez-le-moi. Ne me le donnez pas.

8. Profites-en. N'en profite pas.

9. Tu t'en vas. Va-t'en.

10. Tu m'en donnes. Donne-m'en. Ne m'en donne pas.

11. Demain, on ne travaillera pas non plus en France.

12. Je n'aime pas chanter. Et vous? - Moi non plus.

13. Excusez-moi, je ne m'en souviens plus.

14. La viande me dégoûte, je n'en mange jamais, je suis végétarienne.

15. Il n'y a personne dans cette rue, alors j'ai peur.

16. Tout me réussit, je ne rate rien, la vie me sourit, j'ai de la chance.

17. Je n'ai guère d'argent.

18. Elle n'est ni brusque ni aimable.

19. Il n'a que seize ans.

GRAMMAIRE

1. 비교급 (Comparatif)

1) 형용사, 부사의 비교급 – **Révision**

우등 비교급 : plus + 형용사 또는 부사 que – ~보다 더
동등 비교급 : aussi + 형용사 또는 부사 que – ~만큼
열등 비교급 : moins + 형용사 또는 부사 que – ~보다 덜

2) 동사의 비교급

우등 비교급 : 동사 plus que – ~보다 더
동등 비교급 : 동사 autant que – ~만큼
열등 비교급 : 동사 moins que – ~보다 덜

Elle gagne plus que son mari. 그녀는 남편보다 더 번다.　＊gagner 벌다, 얻다
Elle gagne autant que son mari. 그녀는 남편만큼 번다.
Elle gagne moins que son mari. 그녀는 남편보다 덜 번다.

3) 명사의 비교급

우등 비교급 : plus de + 명사 que – ~보다 더 많은
동등 비교급 : autant de + 명사 que – ~만큼의
열등 비교급 : moins de + 명사 que – ~보다 더 적은

Elle a plus d'argent que son mari. 그녀는 남편보다 더 많은 돈을 가지고 있다.
Elle a autant d'argent que son mari. 그녀는 남편만큼의 돈을 가지고 있다.
Elle a moins d'argent que son mari. 그녀는 남편보다 더 적은 돈을 가지고 있다.

2. 최상급 (Superlatif)

최상급은 우등, 열등 비교급 앞에 정관사를 붙이면 된다.
그리고 최상급 구문에서는 보통 '~중에서'란 표현의 전치사 de가 많이 쓰인다.

1) 형용사, 부사의 최상급

형용사 우등 최상급 : 정관사(le, la, les) plus + 형용사 de ~ – ~중에서 가장 ~한
형용사 열등 최상급 : 정관사(le, la, les) moins + 형용사 de ~ – ~중에서 가장 덜 ~한

부사 우등 최상급 : le plus + 부사 de ~ – ~중에서 가장 ~하게
부사 열등 최상급 : le moins + 부사 de ~ ~중에서 가장 덜 ~하게
＊ 부사는 성수가 없으므로 le만 쓴다.

Elle est la plus grande de la classe. 그녀는 반에서 가장 크다.
Elle court le plus vite de l'école. 그녀는 학교에서 가장 빨리 달린다.

2) 동사의 최상급

우등 최상급 : 동사 le plus de – ~중에서 가장 더
열등 최상급 : 동사 le moins de – ~중에서 가장 덜

Elle gagne le plus de ses amis. 그녀는 친구들 중에서 가장 많이 번다.
Elle gagne le moins de ses amis. 그녀는 친구들 중에서 가장 덜 번다.

3) 명사의 최상급

우등 최상급 : le plus de + 명사 de – ~중에서 가장 많은
열등 최상급 : le moins de + 명사 de – ~중에서 가장 적은

Elle a le plus d'argent de ses amis. 그녀는 친구들 중에서 가장 많은 돈을 가지고 있다.
Elle a le moins d'argent de ses amis. 그녀는 친구들 중에서 가장 적은 돈을 가지고 있다.

4) 불규칙형의 최상급

bon의 우등 비교형은 meilleur, bien의 우등 비교형은 mieux라고 이미 앞에서 배웠다.

불규칙형도 위의 규칙을 따라서 하면 된다.

Le vin français est le meilleur du monde entier.
프랑스 와인이 전 세계에서 가장 맛있다.
La cuisine française est la meilleure du monde.
프랑스 요리가 세계에서 가장 맛있다.

Alice chante le mieux de sa classe. Alice가 반에서 노래를 가장 잘한다.

비교급 앞에 소유형용사를 붙여도 최상급 구문이 된다.

C'est mon meilleur ami. 이 사람이 나의 가장 친한 친구이다.
C'est ma meilleure amie. 이 사람이 나의 가장 친한 여자 친구이다.
C'est notre meilleure table. 이것이 우리의 가장 좋은 자리(테이블)입니다.

3. 명령법 (Impératif)

앞에서 이미 배웠다시피 명령법에서 주의할 점은 2인칭 단수 Tu의 동사 변화에서 어미가 −es나 −as로 끝나면 끝의 어미인 s를 탈락시킨다는 것이었다.

Tu manges une pomme. → Mange une pomme. 사과 하나 먹어봐.
Nous mangeons du fromage. → Mangeons du fromage. 치즈를 먹자.
Vous mangez des frites. → Mangez des frites. 감자 튀김을 드세요.

cf) Dites la vérité. 진실을 말하세요.

   Faites du sport. 운동을 하세요.

초중급 과정에서는 명령법 불규칙형과 주의할 내용들을 추가해서 배우기로 한다.

1) 명령법 불규칙형 : avoir, être, savoir, vouloir 동사들은 불규칙하게 변한다.

avoir – Aie, Ayons, Ayez
être – Sois, Soyons, Soyez
savoir – Sache, Sachons, Sachez
vouloir – Veuille, Veuillons, Veuillez

Vous avez du courage. → Ayez du courage. 용기를 가지세요.
Tu es gentil. → __________ gentil. 얌전히 있어.
Tu sais obéir pour savoir commander.
→ __________ obéir pour savoir commander.
명령하는 법을 알기 위해서는 복종하는 법을 알아라.   * obéir 복종하다   * commander 명령하다

Vous voulez jeter des ordures dans la poubelle.
→ Veuillez jeter des ordures dans la poubelle. 쓰레기는 쓰레기통 안에 버려 주십시오.
* jeter 던지다   * des ordures 쓰레기, 오물   * la poubelle 쓰레기통

* 'Veuillez + 동사원형' 구문은 극존칭 명령으로 쓰여서 게시문이나 안내문에서 자주 볼 수 있다. 다른 인칭인
  Veuille, Veuillons은 거의 사용하지 않는 표현들이다.

2) 명령법에서 주의할 점

2인칭 단수 tu에서 동사 변화가 −es나 −as로 끝나면 끝의 어미인 s를 탈락시킨다고 이미 배웠다. 그러
나 긍정 명령문에서 대명사가 동사 뒤로 갈 때 모음으로 시작하는 대명사인 y나 en이 오면 발음을 부
드럽게 하기 위에서 탈락 시켰던 s를 다시 써줘야 한다.

Tu vas à la fac. 너는 대학에 간다. → Va à la fac. → Vas-y. 그곳으로 가.
→ N'y va pas. 그곳에 가지 마.   * la fac (단과) 대학
부정 명령문이 되면 대명사가 다시 동사 앞으로 와야 하므로 s를 탈락시킨다.

Tu parles de Paris. → Parle de Paris. → ___________________.
→ ___________________. 그것에 대해서 말하지 마.

4. 부정의 표현 (Négation)

가장 기본적인 부정 표현인 ne ~ pas는 이미 배웠으니, 그 이외의 다양한 부정 구문들을 정리해 두자.

1) ne ~ pas non plus – 역시 ~ 아니다

aussi(역시)는 부정문에서 non plus로 바뀐다.

Je n'aime pas non plus la cuisine chinoise. 저도 역시 중국 요리를 좋아하지 않습니다.
Je ne fume pas non plus. 저도 역시 담배를 피우지 않습니다.

2) ne ~ plus – 더 이상 ~ 아니다

Je ne fume plus. 저는 더 이상 담배를 피우지 않습니다.
Je n'ai plus faim. 저는 더 이상 배고프지 않습니다.

3) ne ~ jamais – 결코 ~ 아니다

Julie n'a jamais vu ce film. Julie는 결코 이 영화를 본적이 없다.
Je ne l'ai jamais vue. 나는 그녀를 결코 본적이 없다.

4) ne ~ personne – 어느 누구도 ~ 아니다

다음의 세 가지 경우로 쓰인다.

a. 직접목적보어 (COD)

Je n'ai vu personne à cette réunion. 나는 그 모임에서 어느 누구도 만나지 못했다.

b. 간접목적보어 (COI)

Je n'ai parlé à personne. 나는 어느 누구에게도 말하지 못했다.

c. 주어 (Sujet)

Personne ne m'a vue. 어느 누구도 나를 보지 못했다.

5) ne ~ rien – 전혀 ~ 아무것도 아니다

다음의 세 가지 경우로 쓰인다.

a. 직접목적보어 (**COD**)

Il n'a rien mangé. 그는 전혀 아무것도 먹지 않았다.

b. 간접목적보어 (**COI**)

Elle ne s'intéresse à rien. 그녀는 전혀 아무것에도 흥미가 없다.

c. 주어 (**Sujet**)

Rien ne passionne cette élève. 그 어떤 것도 전혀 이 여학생을 열광시키지 못한다.

6) ne ~ guère – 거의 ~ 아니다

Camille est très réservée, elle ne parle guère. Camille는 매우 신중해서 거의 말하지 않는다.

7) ne ~ ni ~ ni – ~도 ~도 아니다 (이중 부정)

Nicole ne travaille ni bien ni vite. Nicole은 일을 잘하지도 못하고, 빨리하지도 못한다.

8) ne ~ que – 단지 ~만 (부정 표현은 아니고 seulement의 뜻이다.)

Aujourd'hui, je n'ai suivi qu'un cours. 오늘 나는 단지 수업 하나만 들었다.
＊suivre un cours 수업을 듣다

부정의 표현이 아니므로 부정관사, 부분관사는 부정의 de로 바뀌지 않는다.

cf) Aujourd'hui, je n'ai pas suivi de cours. 오늘, 나는 수업을 듣지 않았다.

1. 다음 문장을 한국어로 번역하세요.

1) Ma femme a acheté le plus beau collier du magasin.　＊le collier 목걸이

2) C'est la plus jolie bague de ma collection.　＊la collection 소장품, 수집품

3) Elle vend les plus petits bijoux du monde.

4) C'est l'homme le moins bavard de la réunion.　＊bavard,e 수다스러운

5) Chloé est la jeune fille la moins élégante du bureau.

6) Ma copine crée les colliers les plus originaux de ce quartier.
　＊original,e 독창적인

7) Les nouvelles les moins récentes ne m'intéressent pas du tout.
　＊la nouvelle 소식　＊récent,e 최근의　＊ne ～ pas du tout 전혀 ～이 아니다

8) C'est la meilleure salade de ce restaurant.

9) Le cours de grammaire commence. Il m'intéresse le moins.
　＊le cours 강의

10) Eva rit le plus de mes collègues.　＊le(la) collègue 직장 동료

11) Clara est l'étudiante la moins sérieuse de la classe.
　＊sérieux,se 진지한, 신중한

12) Je mange autant que je désire. ＊désirer 원하다

13) J'ai autant de fautes que toi, et il a le moins de fautes.
   ＊la faute 실수, 잘못

14) Voilà le livre le plus intéressant. ＊intéressant 재미있는

15) C'est ma plus belle robe. ＊la robe 드레스, 원피스

16) Elle travaille le plus de ses collègues. ＊le(la) collègue (회사) 동료

17) Il travaille le mieux de ses collègues.

18) Séoul est la ville la plus grande de la Corée.

19) Séoul est la plus grande de toutes les villes de la Corée.

2. 다음 문장을 긍정과 부정 명령문으로 바꾸세요.

1) Tu ouvres le volet.

2) Tu lui réponds.

3) Tu me donnes un paquet.

4) Tu les suis.

5) Tu me conduis.

____

6) Tu les appelles.

____

7) Tu m'attends.

____

8) Tu es calme.

____

9) Nous avons de la patience.

____

10) Vous savez la vérité.

____

11) Tu y vas.

____

12) Tu en parles.

____

3. 다음 한국어에 맞는 프랑스어 작문은?

1) 그녀가 이 반에서 가장 빨리 달린다.

① Elle court le plus vite de sa classe.

② Elle court la plus vite de sa classe.

③ Elle court le meilleur vite de sa classe.

④ Elle court la meilleure vite de sa classe.

2) 프랑스 요리가 세계에서 가장 맛있다.

① La cuisine française est la mieux du monde.

② La cuisine française est le mieux du monde.

③ La cuisine française est la meilleure du monde.

④ La cuisine française est la plus bonne du monde.

3) 인내심을 가지세요.

① Avez de la patience.

② Ayez de la patience.

③ Soyez de la patience.

④ Veuillez de la patience.

4) 그곳으로 가.

① Y vas.   ② Va-y.   ③ Vas-y.   ④ Y va.

제2과

TEXTE

1. Je vous donne ce livre.

2. Je te présente mes amies.

3. Jino m'a envoyé un colis.

4. Je lui ai écrit une carte ce matin.

5. Je ne leur parle pas.

6. Me donnez-vous ce livre?

7. Mina vous a-t-elle dit cela?

8. La voyez-vous?

9. Je ne la connais pas.

10. Aidez-moi. Ne m'aidez pas.

11. Ne me le donnez-vous pas?

12. Pourquoi ne me parles-tu pas souvent?

13. Je l'ai connu, mais je ne l'ai pas connue.

14. Elle me l'a montrée.

15. Elle ne les a pas achetées.

16. Elle leur a montré cette photo.

17. Je te la lirai, mais je ne la lui lirai pas.

18. Tu me le donneras et donne-le-lui aussi.

19. Donne-le-moi et tu le lui donneras aussi.

20. Ne me le donne pas.

GRAMMAIRE

1. 간접목적 보어 대명사 (Complément d'objet indirect – COI)

간접목적어(~에게)를 대신하여 대명사로 받는 것을 말한다.

주어+	나에게	너에게	그에게	그녀에게	우리에게	당신(들)에게	그들에게	그녀들에	+동사
	me	te	lui	lui	nous	vous	leur	leur	

me, te만 뒤에 모음이 오면 모음 생략을 한다. lui는 절대로 모음 생략이 안 된다.
간접보어 대명사의 위치는 긍정 명령문을 제외하고 항상 동사 앞이다.

a. 긍정문, 부정문

Je parle à Pierre. → Je lui parle. 나는 그에게 말한다.
→ Je ne lui parle pas.

Je parle à Marie. → Je lui parle. 나는 그녀에게 말한다.
→ Je ne lui parle pas.

내가 너에게 말한다. → Je te dis.
네가 나에게 말한다. → Tu __________ dis.
그가 당신(들)에게 말한다. → Il vous dit.
그녀가 우리에게 말한다. → Elle __________ dit.
우리가 당신(들)에게 말한다. → Nous __________ disons.
당신(들)이 우리에게 말한다. → Vous nous dites.
그들이 나에게 말한다. → Ils me disent.
그녀들이 너에게 말한다. → Elles __________ disent.

b. 의문문

Nous vous disons. → Vous disons-nous? 우리가 당신(들)에게 말하고 있습니까?
Vous nous dites. → __________________? 당신(들)이 우리에게 말하고 있습니까?

nous와 vous는 주격 인칭 대명사 Nous와 Vous하고 같으니 주의를 해야 한다.
항상 동사 변화가 주어와 맞는지 확인해야 한다.

c. 명령문

긍정 명령문에서만 간목 대명사가 동사 뒤에 위치하고, 그 이외의 경우에는 항상 동사 앞이다.

Tu lui parles de Paris. → Parle-lui de Paris.
→ Ne lui parle pas de Paris. 그/그녀에게 빠리에 대해서 이야기 하지 마.

단, 긍정 명령문에서 동사 뒤로 간목 대명사가 위치할 때 me, te는 강세형 moi, toi로 바뀌는 것에 주의를 해야 한다. 그러나 부정 명령문이 되면 간목 대명사 moi, toi는 다시 본래의 형태인 me. te 상태로 다시 동사 앞에 위치한다.

Tu me parles de Paris. → Parle-moi de Paris.
→ Ne ________________ pas de Paris. 나에게 빠리에 대해서 이야기 하지 마.

Tu te laves les mains. → Lave-toi les mains.
→ Ne ________________ pas les mains. 손을 씻지 마.

d. 복합과거와 간접목적 보어 대명사 위치 관계

복합과거(복합시제)에서 간접목적 보어 대명사의 위치는 항상 조동사 앞이다.

J'ai parlé à ma mère de Paris. 나는 엄마에게 빠리에 대해서 말했다.
→ Je lui ai parlé de Paris. → Je ne lui ai pas parlé de Paris.

Elle a parlé à son père de Paris. 그녀는 아빠에게 빠리에 대해서 말했다.
→ Elle lui a parlé de Paris. → Elle ________________________ de Paris.

2. 직접목적 보어 대명사 (Complément d'objet direct – COD)

직접목적어(~을, ~를)를 대신하여 대명사로 받는 것을 말한다.

주어+	나를	너를	그를 그것을	그녀를 그것을	우리를	당신(들)을	그들을 그것들을	그녀들을 그것들을	+동사
	me	te	le	la	nous	vous	les	les	

me, te, le, la는 뒤에 모음이 오면 모음 생략을 한다.
직접보어 대명사의 위치는 긍정 명령문을 제외하고 항상 동사 앞이다.

a. 긍정문, 부정문

Je voudrais ce studio. 저는 이 원룸을 원합니다.
→ Je le voudrais. → Je ne le voudrais pas.

J'aime ce studio. 나는 이 원룸을 좋아한다.
→ Je l'aime. → Je ne l'aime pas.

Il vend ses dictionnaires. 그는 그의 사전들을 팔고 있다.
→ Il les vend. → Il ___________________.

Je regarde la montagne. 나는 산을 보고 있다.
→ ___________________.
→ ___________________.

J'aime la pomme. 나는 사과를 좋아한다.
→ ___________________.
→ ___________________.

Elle vend les armoires. 그녀가 옷장들을 팔고 있다.
→ ___________________.
→ ___________________.

＊une armoire 옷장, 장롱

나는 너를 좋아한다.　　→ Je t'aime.　　　　　　　→ Je ne t'aime pas.

네가 나를 좋아한다.　　→ ________________. → ________________.

그가 당신을 사랑한다.　→ ________________. → ________________.

그녀가 너를 좋아한다.　→ ________________. → ________________.

우리는 당신을 좋아한다. → ________________. → ________________.

당신은 우리를 좋아한다. → ________________. → ________________.

그가 그녀를 사랑한다.　→ ________________. → ________________.

그녀가 그를 사랑한다.　→ ________________. → ________________.

b. 의문문

Nous vous aimons. → Vous aimons-nous? 우리가 당신(들)을 좋아해요?

Vous nous aimez.　 → ________________? 당신(들)이 우리를 사랑하고 있습니까?

nous와 vous는 주격 인칭 대명사 Nous와 Vous하고 같으니 주의를 해야 한다.
항상 동사 변화가 주어와 맞는지 확인해야 한다.

c. 명령문

긍정 명령문에서만 직목 대명사가 동사 뒤에 위치하고, 그 이외의 경우에는 항상 동사 앞이다.

Tu regardes la mer. → Regarde-la. → Ne la regarde pas.　　*la mer 바다

단, 긍정 명령문에서 동사 뒤로 직목 대명사가 위치할 때 me, te는 강세형 moi, toi로 바뀌는 것에 주의를 해야 한다. 그러나 부정 명령문이 되면 직목 대명사 moi, toi는 다시 본래의 형태인 me, te 상태로 다시 동사 앞에 위치한다.

Tu me regardes. → Regarde-moi. → Ne me regarde pas. 나를 보지 마.

Tu te lèves tard. → Lève-toi tard. → ________________ tard. 늦게 일어나지 마.

d. 복합과거와 직접목적 보어 대명사 위치 관계

복합과거(복합시제)에서 직접목적 보어 대명사의 위치는 항상 조동사 앞이다.

J'ai aimé Pierre.
→ Je l'ai aimé. → Je ne l'ai pas aimé. 나는 그를 사랑하지 않았다.

주의할 점은 복합과거(복합시제)에서 직접목적 보어(또는 대명사)가 avoir+p.p.보다 앞으로 나와 있을 경우에 과거분사는 그 직접목적 보어(또는 대명사)의 성과 수에 일치를 시켜야한다는 것이다. 뒤에 있을 경우는 일치를 하지 않는다.

J'ai aimé Marie.
→ Je l'ai aimée. → Je ne l'ai pas aimée. 나는 그녀를 사랑하지 않았다.

Elle a acheté cette belle robe.
→ Elle l'a achetée. → _______________________. 그녀는 그것을 사지 않았다.

J'ai cueilli ces pommes.   *cueillir 따다
→ Je les ai cueillies. → _______________________. 나는 그것들을 따지 않았다.

Quelles photos lui avez-vous montrées? 당신은 그(그녀)에게 어떤 사진들을 보여주었습니까?
Quels livres avez-vous (emporter _________)?
Quels films avez-vous (voir _________)?

그러나 간접목적 보어(또는 대명사)는 과거분사 앞으로 나와도 절대로 성수 일치를 하지 않는다.

Il a parlé à Marie.
→ Il lui a parlé. → Il ne lui a pas parlé. 그는 그녀에게 말하지 않았다.

Il a parlé à Marie et Sylvie.
→ Il leur a parlé. → Il _______________________. 그는 그녀들에게 말하지 않았다.

3. **COI와 COD가 함께 쓰였을 경우에 대명사로 받는 법**

간접 목적과 직접 목적이 같이 쓰일 경우의 대명사 위치는 간접목적 보어 대명사가 직접목적 보어 대명사보다 앞에 위치하는데 lui와 leur만 직접보어 대명사 뒤에 위치한다.

Tu me donnes ce livre. 네가 나에게 그 책을 준다.
→ Tu me le donnes. → Tu ne me le donnes pas. 네가 나에게 그것을 주지 않는다.

Elle me donne la valise. 그녀가 나에게 그 여행 가방을 준다.
→ Elle me la donne. → Elle ne me la donne pas. 그녀가 나에게 그것을 주지 않는다.

Je te donne ces livres. 내가 너에게 그 책들을 준다.
→ ___________________________. → ___________________________. 나는 너에게 그것들을 주지 않는다.

Je donne ce livre à mon ami. 나는 이 책을 친구에게 준다.
→ Je le lui donne. → Je ne le lui donne pas. 나는 그것을 그에게 주지 않는다.

Je donne ce livre à mes amis. 나는 이 책을 친구들에게 준다.
→ Je le leur donne. → Je ne le leur donne pas. 나는 그것을 그들에게 주지 않는다.

Elle donne ces livres à ses amies. 그녀는 이 책들을 자신의 여자 친구들에게 준다.
→ Elle ___________________ donne. → ___________________. 그녀는 그것들을 그녀들에게 주지 않는다.

Je présente ma mère à mon ami. 나는 엄마를 친구에게 소개 한다.
→ Je ___________________. → ___________________. 나는 그녀를 그에게 소개하지 않는다.

4. **COI와 COD가 함께 쓰였을 경우의 명령법**

긍정 명령문에서는 위의 법칙을 따르지 않고 무조건 '직접 + 간접'이다.

Tu me le donnes. 너는 나에게 그것을 준다.
→ Donne-le-moi. (me, te는 강세형으로) 그것을 나에게 줘.
→ Ne me le donne pas. 나에게 그것을 주지 마.

부정 명령문이 되면 원래의 원칙을 따른다.
즉, 긍정 명령문만 항상 예외로 하고 나머지의 경우는 원칙대로 하면 된다.

Tu me la donnes.

→ ____. 나에게 그것을 줘.

→ ____. 나에게 그것을 주지 마.

Vous me les donnez.

→ ____. 그것들을 나에게 주세요.

→ ____. 나에게 그것들을 주지 마세요.

1. 다음 밑줄 친 곳을 대명사로 받아 문장을 다시 쓰세요.

1) Elle montre <u>son passeport</u> au douanier.   *le douanier 세관원

____

2) Il montre son passeport <u>au douanier</u>.

____

3) Je montre <u>mon passeport</u> au douanier.

____

4) Ils ont montré leurs passeports <u>au douanier</u>.

____

5) Ils ont montré <u>leurs passeports</u> au douanier.

____

6) Ils ont montré <u>leurs passeports</u> au douanier.

____

2. 다음 문장을 긍정 명령문과 부정 명령문으로 쓰세요.

1) Tu me passes le billet.   *le billet 표

____

2) Vous les suivez.   *suivre 따라가다

____

3) Tu les ouvres.   *ouvrir 열다

____

4) Nous l'appelons.   *appeler 부르다

5) Tu m'attends.　*attendre 기다리다

____

6) Vous me dites bonjour.　*dire 말하다

____

7) Tu me conduis.　*conduire 데리고 가다

____

8) Tu les fermes.　*fermer 닫다

____

3. 다음을 프랑스어로 쓰세요.

1) 나는 그녀에게 빠리에 대해서 말한다. 나는 그에게 빠리에 대해서 말하지 않는다.

____

2) 그가 너에게 한국에 대해서 말한다. 그가 나에게 한국에 대해서 말하지 않는다.

____

3) 그들이 당신에게 빠리에 대해서 말한다. 그들이 우리에게 빠리에 대해서 말하지 않는다.

____

4) 나에게 빠리에 대해서 말해주세요. 나에게 Pierre에 대해서 말하지 마세요.

____

5) 나는 그녀에게 빠리에 대해서 말했다. 나는 그에게 빠리에 대해서 말하지 않았다.

____

6) 그가 너에게 한국에 대해서 말했다. 그가 나에게 한국에 대해서 말하지 않았다.

____

7) 그들이 당신에게 빠리에 대해서 말했다. 그들이 우리에게 빠리에 대해서 말하지 않았다.

____

8) 나는 그를 사랑한다. 나는 그를 사랑하지 않는다.

____

9) 나는 그녀를 사랑했다. 나는 그녀를 사랑하지 않았다.

____

10) 그녀를 바라봐. 그녀를 보지 마.

____

11) 나는 그들에게 Marie에 대해서 말하지 않았다.

____

12) 너는 나에게 그것(le)을 준다. 그것(le)을 나에게 줘. 나에게 그것(le)을 주지 마.

____

13) 너는 그것들을 그들에게 준다. 그것들을 그들에게 줘. 그것들을 그들에게 주지 마.

____

4. 다음 밑줄 친 곳을 대명사로 받아 문장을 다시 쓰세요.

1) Ils ont acheté cette maison.
   ① Ils l'ont acheté.   ② Ils ont l'achetée.
   ③ Ils l'ont achetée.   ④ Ils ont l'acheté.

2) Vous me donnez ce livre.
   ① Vous le me donnez.   ② Vous me lui donnez.
   ③ Vous lui me donnez.   ④ Vous me le donnez.

3) Je donne ces livres à mon ami.
   ① Je lui les donne.   ② Je les lui donne.
   ③ Je les leur donne.   ④ Je leur les donne.

4) Donnez-moi le livre.
   ① Donnez-le-moi.   ② Donnez-moi-le.
   ③ Donnez-moi-lui.   ④ Donnez-lui-moi.

제3과

TEXTE

1. N'allez pas dans ce pays, il y fait trop froid.

2. Quelle jolie maison! Tu y habites seule?

3. Vous touchez souvent à ce robot. N'y touchez pas.

4. Il a réussi au concours d'entrée? - Non, il n'y a pas réussi.

5. Réfléchissez-y. N'y réfléchissez pas.

6. As-tu mangé du fromage? - Non, je n'en ai pas mangé.

7. Avez-vous des livres français? - Oui, j'en ai beaucoup.

8. Combien de personnes y a-t-il dedans? - Il y en a une vingtaine.

9. Voilà du jambon. En voulez-vous?
   - Donnez-m'en. Donnez-lui-en aussi.

10. Voilà des bananes. Je t'en donnerai trois.
    - Donnez-m'en dix.

11. Vous êtes sûre de revenir demain? - Oui, j'en suis sûre.

12. Ce soir, j'irai au cinéma, et j'en reviendrai vers 10 heures.

13. Vous êtes gaies? - Oui, nous le sommes.

14. Est-elle heureuse? - Non, elle ne l'est pas.

15. Vous pouvez venir? - Oui, je le peux.

16. Hier elle n'est pas partie ; je ne le savais pas.

17. Vous savez qu'elle n'est pas venue hier à la réunion? - Oui, je le sais.

1. 중성대명사 (Pronom neutre) – y

중성대명사 y는 다음의 세 가지를 대신해서 받는데 사용한다. 위치는 다른 보어대명사와 마찬가지로 긍정 명령문을 제외하고 항상 동사 앞이다. 그리고 다른 보어대명사와 함께 쓰일 경우에는 보어대명사 뒤쪽에 위치한다.

1) 장소(그곳에, 거기에)

Je vais à l'école. → J'y vais. 나는 그곳에 간다.
Allez-vous au marché? → _______________________?
당신은 시장에 갑니까?　＊le marché 시장

J'ai vu Pierre au café. → Je l'y ai vu. 나는 그를 그곳에서 보았다.
Il a conduit sa fille à l'école. → Il l'y a conduite.
그는 그녀를 그곳으로 데리고 갔다.　＊conduire 데리고 가다

Mettez de l'eau dans le vase. → Mettez-y de l'eau.
그곳에 물을 넣으세요.　＊le vase 꽃병

Venez à Paris. → _______________________. 그곳으로 오세요.

2) 전치사 à + 사물명사

Elle pense souvent à son pays natal. → Elle y pense souvent.
그녀는 그것을 자주 생각한다.　＊penser à ～을 생각하다　＊souvent 자주　＊le pays natal 고향

J'ai bien répondu à sa lettre. → _______________________.
나는 그것에 잘 대답했다.

그러나 'à + 사람'은 중성대명사 y로 못 받고 'à + 강세형' 구문으로 해주어야 한다.
　예　penser à + 사람, songer à + 사람

Je pense à ma mère. → Je pense à elle. 나는 그녀를 생각한다.
Je pense à mes parents. → Je pense _______________________. 나는 그들을 생각한다.

3) 전치사 **à** + 동사원형

Elle a réussi à terminer son travail. → Elle y a réussi.
그녀는 그것에 성공했다.　　＊terminer 끝내다

Je l'autorise à sortir ce soir. → _______________________________ ce soir.
나는 오늘 저녁에 그(그녀)가 그렇게 하는 것을 허락한다.
＊autoriser 사람 à 동사원형 : ～를 ～하도록 허락하다

2. 중성대명사 (Pronom neutre) – en

중성대명사 en은 다음의 다섯 가지를 대신해서 받는데 사용한다. 위치는 다른 보어대명사와 마찬가지로 긍정 명령문을 제외하고 항상 동사 앞이다. 그리고 다른 보어대명사와 함께 쓰일 경우에는 보어대명사 뒤쪽에 위치한다. y와 en이 같이 나올 경우에는 y가 en보다 더 앞쪽에 위치한다.

1) 부정관사 **un, une, des** + 명사

수의 의미를 나타내는 un, une은 뒤에 남겨 두는 것이 좋다.

Avez-vous un frère? – Oui, j'en ai un. 예, 한 명 있습니다.
Avez-vous une sœur? – Oui, j'en ai une. 예, 한 명 있습니다.

부정문에서는 수의 의미가 사라지므로 en만 쓴다.

Avez-vous un frère?
– Non, je n'en ai pas. (= Non, je n'ai pas de frère.) 아니오, 없습니다.

des는 정확한 수를 알 수 없으니 en으로만 받는다.

Avez-vous mangé des frites? – Oui, j'en ai mangé.
→ Non, je n'en ai pas mangé. 아니오, 안 먹었습니다.   *des frites 감자튀김

그러나 수를 말하고 싶으면 뒤에 수를 써주면 된다. 물론 부정문에서는 수의 의미가 없다.

As-tu mangé des pommes? – Oui, j'en ai mangé trois. 예, 세 개 먹었습니다.
→ Non, je n'en ai pas mangé. 아니오, 안 먹었습니다.

Avez-vous des frères? – Oui, _____________ deux. 예, 두 명 있습니다.
→ Non, _________________________________. 아니오, 없습니다.

2) 부분관사 **du, de la, de l', d'** + 명사

부분관사는 수의 의미가 없으므로 명사는 모두 수를 쓸 필요 없이 en으로만 받는다.

Avez-vous mangé du jambon? 햄을 먹었습니까?
– Oui, j'en ai mangé. 예, 먹었습니다.
→ Non, je n'en ai pas mangé. 아니오, 안 먹었습니다.

As-tu acheté de la viande? 고기를 샀니? – Oui, j'en ai acheté. 예, 샀습니다.
→ Non, _______________________________. 아니오, 안 샀습니다.

Si vous n'avez pas d'argent, je vous en prêterai.
돈이 없으시면, 빌려드리겠습니다.   *si ~라면   *prêter 빌려주다

3) 전치사 **de** + 명사

Combien d'enfants avez-vous? 아이는 몇입니까? – J'en ai deux. 둘 있습니다.
→ Je n'en ai pas. 없습니다.   *combien de 얼마나 많은 ~

Avez-vous besoin de mon aide? 제 도움이 필요합니까?

– Oui, j'en ai besoin. 예, 필요합니다.

→ Non, ______________________________. 아니오, 필요없습니다.

＊avoir besoin de ～을 필요로 하다　＊une aide 도움

Tu es contente de ton travail? 일에 대해서 만족하니?

– Oui, j'en suis contente. 예, 만족합니다.

→ Non, ______________________________. 아니오, 만족 못합니다.

＊être content,e de ～에 대해서 만족하다

4) 전치사 **de** + 동사원형

Je suis fière d'être ton amie. 나는 네 친구라는게 자랑스럽다.

– J'en suis fière. 나는 그것이 자랑스러워.

→ Je n'en suis pas fière. 나는 그것이 자랑스럽지 못해.

＊être fier,ère de ～에 대해서 자랑스러워 하다

Vous avez besoin d'y venir. 당신은 그곳으로 오는게 필요합니다.

– Vous en avez besoin. 당신은 그것이 필요합니다.

→ ______________________________. 당신은 그것이 필요없습니다.

5) 수 형용사, 수량 표현어 + 명사

이 경우에는 뒤에 수의 의미를 써주는 것이 정확한 표현이다.

Elle a trois enfants. 그녀는 애가 셋이다. – Elle en a trois. 그녀는 (애가) 셋이다.

Il a plusieurs appartements. 그는 아파트가 몇채이다.

– Il en a plusieurs. 그는 그것이 몇 채다.　＊plusieurs 몇몇의

주의 강세형 moi, toi는 모음으로 시작하는 대명사 y, en 앞에서만 me, te의 형태를 취한다. 물론 모음 축약
이 되어 m'y, t'y, m'en, t'en의 형태가 된다.

Vous me conduisez à l'aéroport. 당신이 나를 공항으로 데리고 간다.
→ Conduisez-moi à l'aéroport. 나를 공항으로 데려다 주세요.
→ Conduisez-m'y. 나를 그곳으로 데려다 주세요.

Vous me donnez des fleurs. 당신이 나에게 꽃들을 준다.
→ Donnez-moi des fleurs. 나에게 꽃들을 주세요.
→ Donnez-m'en. 나에게 그것을 주세요.

3. 중성대명사 (Pronom neutre) – le

다음의 세 가지를 대신해서 받는다.

1) 주어 속사

중성 대명사 le는 주어 속사를 성과 수에 관계없이 다 받을 수 있다.
주어 속사는 영어의 주격 보어를 말하며 상태의 동사와 함께 쓰인다.

Verbes d'état : 상태의 동사 – 주어 속사를 이끌어 주는 동사들로, 이와 함께 쓰인 주어 속사는 주
어의 성과 수에 항상 일치시키다.
예 être, sembler, paraître 등

Elle est contente? – Oui, elle l'est.
→ Non, elle ne l'est pas.
그녀는 만족하나요? – 예, 그녀는 그렇습니다. (le는 여성 단수 contente를 받고 있다.)

Sont-elles heureuses? – Oui, elles le sont.
→ Non, elles _______________________________.
그녀들은 행복한가요? – 예, 그녀들은 그렇습니다. (le는 여성복수 heureuses를 받고 있다.)

주로 être 동사 앞에서 쓰이며 항상 '그렇다'라고 번역하면 된다.

cf) 직접목적보어 대명사 le(그것을)와는 구별할 줄 알아야 한다.

Visitez-vous le Canada? – Oui, je le visite.
당신은 캐나다를 방문합니까? – 예, 나는 그것을 방문합니다.

2) 동사원형

Voulez-vous manger? – Oui, je le veux.   *vouloir + 동사원형 : ～하기를 원하다
당신은 먹고 싶습니까? – 예, 저는 그것을 원합니다. (le는 manger를 대신해서 받고 있다.)

Puis-je sortir? – Oui, tu le peux.   *puis(pouvoir의 제2형) + 동사원형 : ～할 수 있다
제가 외출해도 되나요? – 응, 그래도 돼.

3) 문장 전체

Elle est gravement malade et son mari ne le sait pas.
그녀가 심각하게 아픈데 남편은 그것을 모르고 있다. (le는 앞 문장 전체를 받는다.)

Je sais qu'ils sont arrivés hier à l'aéroport. Vous le savez aussi?
– Oui, je le sais.
나는 그들이 어제 공항에 도착했다는 것을 알고 있습니다. 당신도 그것을 알고 있습니까?
– 예, 그렇습니다.
*que는 영어의 that과 같이 목적절을 이끌어 주는 접속사

1. 다음 밑줄 친 곳을 대명사로 받아 문장을 다시 쓰세요. (대명사 문제 총정리)

1) Tu parles à Vincent.

2) As-tu parlé souvent à tes parents?

3) Vous répondez à mon ami.

4) Répondez à mon ami.

5) Vous répondez à ma lettre.

6) Répondez à ma lettre.

7) Vous écrivez la lettre à ma mère.

8) Écrivez la lettre à ma mère.

9) Il est heureux et elle est heureuse aussi.

10) Vous allez à la fac.

11) Vous n'allez pas à la fac.

12) Allez à la fac.

13) N'allez pas à la fac.

14) Tu as besoin d'argent?

____

15) Je vous donnerai trois de ces gâteaux.

____

16) J'attends mon amie à la gare.

____

17) Parlez-moi de ce roman.

____

18) Je n'ai pas de parapluie.

____

19) Montrez-moi cette photo.

____

20) J'ai accompagné les jeunes gens à leur hôtel.

____

21) Je suis heureuse.

____

22) Vous voulez partir?

____

23) Je sais qu'elle ne vient pas.

____

2. 중성 대명사 y, en, le를 이용하여 다음 물음에 긍정과 부정 두 가지로 답하세요.

1) Vous vous habituez à votre travail?　　– Oui, ____________________

　　　　　　　　　　　　　　　　　　　　　　　– Non, ____________________

2) Vous avez envie de parler coréen?　　　– Oui, ____________________

　　　　　　　　　　　　　　　　　　　　　　　– Non, ____________________

3) Vous avez pensé à faire les courses?　– Oui, ____________________

　　　　　　　　　　　　　　　　　　　　　　　– Non, ____________________

4) Vous vous êtes occupé de publicité?   – Oui, _______________________

                                         – Non, _______________________

5) Sont-elles tristes?   – Oui, _______________________

                                         – Non, _______________________

6) Tu veux sortir?   – Oui, _______________________

                                         – Non, _______________________

3. 다음 밑줄 친 곳을 대명사로 받아 다시 쓰세요.

1) Vas-tu au café?

  ① Vas-y-tu?　　　　② Y vas-tu?

  ③ Vas-tu-y?　　　　④ Lui vas-tu?

2) Elle a conduit ses filles à l'école.

  ① Elle les y a conduites.　　② Elle les y a conduit.

  ③ Elle y les a conduit.　　　④ Elle y les a conduites.

3) J'ai réussi à terminer mon travail.

  ① Je l'ai réussi.　　　② J'y ai réussi.

  ③ J'en ai réussi.　　　④ J'ai le réussi.

4) Combien d'enfants avez-vous?

  ① En combien avez-vous?　　② Combien en avez-vous?

  ③ Les combien avez-vous?　　④ Combien les avez-vous?

5) Donnez-moi des fleurs.

  ① Donnez-m'en.　　　② Donnez-moi-en.

  ③ Donnez-en-moi.　　④ En donnez-moi.

6) Nous sommes heureuses.

    ① Nous en sommes.   ② Nous les sommes.

    ③ Nous le sommes.   ④ Nous y sommes.

7) Je sais qu'elles sont malades.

    ① J'y sais.   ② J'en sais

    ③ Je les sais.   ④ Je le sais.

제4과

TEXTE

1. Il y a deux tables dans la salle à manger ; celle-ci est ronde et celle-là est carrée.

2. Ce train-ci est plus rapide que celui-là.

3. C'est ma nouvelle robe, montrez-moi celle que vous avez achetée dernièrement.

4. Cette rue-ci est plus étroite que celle-là.

5. Elle m'a répondu agressivement.

6. Je n'aime pas ceux qui sont paresseux.

7. Celui qui vient le dernier, c'est Pascal.

8. J'ai raté le train! - Ça ne fait rien, vous prendrez celui d'après.

9. Pour sortir prenez la porte gauche, celle qui donne sur la rue.

10. Ces chaussures sont à moi, elles m'appartiennent, ce sont mes chaussures, ce sont les miennes.

11. Nous conduirons notre fille à l'école, vous y conduirez la vôtre.

12. Je tiens ma promesse, tiens la tienne.

13. Cette ville est plus confortable que la mienne.

14. C'est ma voiture, c'est la tienne. Où est la sienne?

GRAMMAIRE

1. 지시대명사 (Pronom démonstratif)

앞에서 한번 거론된 명사를 계속해서 이야기할 때, 화제가 되었던 그 명사를 또 반복하여 쓰지 않고 대명사로 대신 말하는 것을 말한다. 단순형과 복합형이 있다.

a. 단순형 : 단독으로는 쓰이지 않고 '전치사 + 명사의 한정보어' 또는 관계절과 함께 쓰인다. 앞에서 한번 나온 특정한 명사를 받지 않을 경우에는 특정화 되지 않은 '~한 사람(들)'이란 뜻을 갖는다.

남성 단수	여성 단수	남성 복수	여성 복수
celui	celle	ceux	celles

Voici deux parapluies ; celui de Marie est rose et celui de Nicolas est gris.

여기에 우산이 두 개 있다 ; Marie의 것은 분홍색이고, Nicolas의 것은 회색이다.

＊le parapluie 우산

Ma voiture est en panne ; j'ai pris celle de mon père.

내 자동차가 고장이 났다 ; 나는 아빠의 것(자동차)을 가지고 나갔다.

＊être en panne 고장나다

Cet étudiant n'est pas celui que je cherche.

이 학생은 내가 찾고자 하는 사람(학생)이 아니다.

Cette ville n'est pas celle que je cherche.

이 도시는 내가 찾고자 하는 것(도시)이 아니다.

J'aime ceux qui sont consciencieux.

나는 성실한 사람들을 좋아한다.

＊consciencieux,se 성실한

b. 복합형 : 시간과 공간의 원근과 대립을 나타낸다.

남성 단수	여성 단수	남성 복수	여성 복수
celui-ci	celle-ci	ceux-ci	celles-ci
celui-là	celle-là	ceux-là	celles-là

Voici deux pantalons ; celui-ci est à moi et celui-là est à mon père.

여기에 바지가 두개 있다 ; 이것은 내 것이고, 저것은 아빠의 것이다.　＊être à ～의 것이다

Quelles belles robes! celle-ci est pour ma femme et celle-là est pour ma fille.

얼마나 아름다운 드레스인가! 이것은 내 부인을 위한 것이고, 저것은 내 딸을 위한 것이다.

Ouvrez cette fenêtre-ci et fermez celle-là. 이 창문은 열어 놓고, 저것은 닫으세요.

2. 소유대명사 (Pronom possessif)

소유대명사는 이미 거론되었던 사람, 사물을 소유의 개념과 함께 나타내는 대명사로 '～의 것'이라는 뜻을 갖는다. 소유대명사는 어느 경우라도 반드시 정관사와 함께 쓰인다.

소유대명사도 소유형용사와 마찬가지로 소유자의 인칭과 수, 피소유물의 성과 수에 따라 여러 가지 형태가 있다. 간단히 정리하면, 소유자가 인칭을 결정하고, 피소유물이 성과 수를 결정해 준다.

피소유물/소유자	나의 것	너의 것	그(그녀)의 것
남성단수	le mien	le tien	le sien
여성단수	la mienne	la tienne	la sienne
남성복수	les miens	les tiens	les siens
여성복수	les miennes	les tiennes	les siennes

피소유물/소유자	우리들의 것	당신(들)의 것	그(녀)들의 것
남성단수	le nôtre	le vôtre	le leur
여성단수	la nôtre	la vôtre	la leur
남성복수	les nôtres	les vôtres	les leurs
여성복수	les nôtres	les vôtres	les leurs

C'est mon livre, c'est le tien? 이것은 내 책인데, 저것은 네 것이니?
Je prends ma valise ; prends la tienne. 내가 내 가방을 가져갈테니, 네 것은 네가 가져가.
C'est notre chambre, c'est la vôtre? 이것은 우리의 방인데, 저것은 당신(들)의 것입니까?

Tu as vu leur chambre ; elle est plus grande que la nôtre?
네가 그들의 방을 봤는데, 그것이 우리들의 것 보다 더 커?

Ce sont mes sacs, ce sont les leurs? 이것들은 내 가방들인데, 저것들은 그(녀)들의 것들 입니까?

프랑스어의 소유 표현은 주로 다음과 같이 네 가지 구문으로 많이 쓰인다.

Ce mouchoir est à moi, il m'appartient, c'est mon mouchoir, c'est le mien.
이 손수건은 내 것이다, 그것은 나의 것이다, 그것은 내 손수건이다, 그것은 내 것이다.
＊appartenir à ~의 것이다

Cette montre est à moi, elle m'appartient, c'est ma montre, c'est la mienne.
이 시계는 ____

Ces stylos sont ____

Ces clés sont ____

1. 다음 밑줄 친 곳에 알맞은 지시대명사 단순형을 쓰세요.

1) Tu as vu ces chaussures de sport? – _________ qui sont dans la vitrine?

   *les chaussures de sport 운동화   *la vitrine 진열창, 쇼윈도우

2) Je dois couper cet arbre? – Coupez tous _________ qui nous cachent le soleil.

   *couper 자르다   *cacher 숨기다

3) Cette adresse, c'est _________ de Pierre?

4) Et cette vieille maison, là ; ce n'est pas _________ de mes parents.

5) Ce vélo est à vous? – Non, c'est _________ de mon père.

   *le vélo 자전거

2. 다음 밑줄 친 곳에 알맞은 지시대명사 복합형을 쓰세요.

1) Ce train-ci est plus rapide que __________________.

2) Cette église-ci est moins grande que __________________.

3) Ces pays-ci sont plus riches que __________________.

4) Ces photos-ci sont plus claires que __________________.

5) Cette place-ci est aussi vaste que __________________.   *vaste 넓은, 광활한

3. 다음 밑줄 친 곳에 알맞은 소유대명사를 쓰세요.

1) Je t'ai raconté ma vie, raconte-moi ____________.   *raconter 이야기하다

2) Je lui ai raconté ma vie, mais il ne m'a rien dit ____________.

3) Je vous ai parlé de ma vie, parlez-moi de ____________.

4) Tu as tes qualités, elle a ____________ aussi!   *la qualité 장점, 자질

5) Ces clés sont à toi? – Oui, merci, ce sont ____________.

6) Cette armoire est à nous, c'est ____________.

7) Ce portefeuille est à vous, c'est ______________.

8) Ces livres sont à eux, ce sont ____________.

4. 다음 밑줄 친 곳에 들어갈 말은?

1) Ce studio n'est pas ____________ que je cherche.

① celui　　　　② celle　　　　③ il　　　　④ ceux

2) Quelles belles jupes! ______ est pour ma femme et ______ est pour ma fille.

① celui-ci, celui-là　　② celle-ci, celle-là　　③ il, elle　　④ y, en

3) 이것은 내 자동차인데, 네 것은 어디에 있니?

C'est ma voiture, où est ____________?

① la sienne　　　　② la mienne　　　　③ la tienne　　　　④ la nôtre

제5과

TEXTE

1. Voici un roman qui est intéressant.

2. L'eau qui ne coule pas n'est pas fraîche.

3. Elle me fait un sourire qui me fait du bien.

4. J'ai lu un livre qui parle de la vie des comédiens.

5. J'ai trouvé le portefeuille que vous aviez perdu.

6. J'ai reçu un colis que tu m'as envoyé.

7. C'est un ordinateur que j'ai voulu acheter.

8. J'ai fermé le volet que tu as ouvert.

9. C'est la jeune fille dont je me souviens très bien.

10. La dame dont je connais bien le fils demeure à Genève en Suisse.

11. Regardez bien le robot dont je m'approche.

12. J'ai acheté la maison dont le toit est rouge.

13. Elle était professeur dans la ville où j'habitais.

14. Je me rappellerai longtemps le jour où elle m'a quittée.

15. Je connais bien la plage où vous avez passé vos vacances.

16. J'ai appris beaucoup de choses pendant l'année où je faisais des études à Paris.

1. 관계대명사 (Pronom relatif) – qui

주격 관계대명사로 사람, 사물을 다 받을 수 있다.

Ecoutez cette étudiante. Elle parle bien français.
→ Ecoutez cette étudiante qui parle bien français.
프랑스어를 잘하는 이 여학생의 말을 들어 보세요.

Je vois un chien. Il tourne autour d'un chat.   *tourner 돌다   *autour de ～ 주위에
→ Je vois un chien qui tourne autour d'un chat.
나는 고양이 주변을 돌고 있는 개 한 마리를 보고 있다.

2. 관계대명사 (Pronom relatif) – que

목적격 관계대명사로 사람, 사물을 다 받을 수 있다.

Voici Mina et Jino. Je les connais bien.
→ Voici Mina et Jino que je connais bien. 여기에 내가 잘 알고 있는 Mina와 Jino가 있다.

Sur la table, il y a un livre. Je l'ai acheté hier pour toi.
→ Sur la table, il y a un livre que j'ai acheté hier pour toi.
책상 위에, 내가 어제 너를 위해 사놓았던 책 한 권이 있다.

Cet enfant n'est pas sage. Je le gronde.   *sage 얌전한, 현명한   *gronder 꾸짖다
→ Cet enfant que je gronde n'est pas sage. 내가 꾸짖고 있는 이 아이는 얌전하지 못하다.

3. 관계대명사 (Pronom relatif) – dont

사람, 사물을 다 받을 수 있다. 전치사 de를 포함하는 소유격(~의), 전치사 de와 연결된 명사, 형용사, 동사의 보어를 대신하여 받는다. 즉, 이 de가 관계절의 주어나 목적어나 동사와 연결될 때 de는 사라지고 dont안에 포함시켜 한꺼번에 대신하여 받도록 하는 것이다.

Voilà une boulangerie. Je t'ai parlé de cette boulangerie.   *la boulangerie 빵집
→ Voilà une boulangerie dont je t'ai parlé. 내가 너에게 말했던 빵집이 저기에 있다.

Voici une enfant. Je connais bien le père de cette enfant.
→ Voici une enfant dont je connais bien le père.
　　여기에 내가 아버지를 잘 알고 있는 여자 아이 하나가 있다.

J'ai un ami. La mémoire de cet ami est remarquable.
→ J'ai un ami dont la mémoire est remarquable. 나는 기억력이 뛰어난 친구 한 명이 있다.

4. 관계대명사 (Pronom relatif) – où

장소 및 시간을 대신하여 받는다.

Voilà l'hôpital. Je suis née dans cet hôpital.   *né naître(태어나다)의 과거분사
→ Voilà l'hôpital où je suis née. 저기에 내가 태어났던 병원이 있다.

Le jour était samedi. Je vous ai rencontré ce jour-là.   *ce jour-là 그날
→ Le jour où je vous ai rencontré était samedi. 내가 당신을 만났었던 그날은 토요일이었다.

1. 다음 문장을 관계대명사를 이용하여 한 문장으로 만드세요.

1) J'habiterai dans cette ville. Elle est très jolie.

2) Voilà ma voiture. Je la lave tous les jours.

3) C'est la maladie grave. Elle en souffre beaucoup.   *souffrir de ~로 고통받다

4) Le studio ne me plaît pas. Elle m'en parle souvent.
   *plaire à ~의 마음에 들다

5) C'est un quartier. J'y ai passé toute mon enfance.   *une enfance 어린 시절

6) Le pays n'est pas loin d'ici. J'y suis né.

7) Je suis allée au cinéma le 7. J'ai rencontré cette jolie fille ce jour-là.

8) Ils ont deux enfants. Ils sont très fiers de ces enfants.
   *être fier,ère de ~에 대해서 자랑스러워하다

2. 다음 밑줄 친 곳에 qui, que, dont, où 중 하나를 넣으세요.

1) C'est la photo ___________ je t'ai parlé.

2) J'aime beaucoup cet auteur coréen ___________ mon ami a traduit les livres.
   *un auteur 작가   *traduire 번역하다

3) Le chien ___________ tu as cherché n'est pas ici.

4) La région ___________ j'ai passé mes vacances était agréable.

5) Voilà le rideau ___________ se lève.   *le rideau 커튼

6) Je me souviens de la région ___________ j'ai vécu pendant cinq ans.

   *se souvenir de ~을 회상하다, 기억하다

7) L'avion ___________ j'ai pris pour aller au Maroc était plein.   *plein,e 가득한

8) Il y aura des moments difficiles ___________ vous rencontrerez dans votre vie.

9) C'est un film remarquable ___________ le réalisateur est coréen.

   *le réalisateur, la réalisatrice 영화 감독

10) Tu peux me prêter ce roman ___________ je trouve intéressant?

    *prêter 빌려주다

11) Je n'aime pas le lit ___________ tu as acheté hier.

12) Connaissez-vous cette dame ___________ la fille est une grande artiste?

13) Le Canada est un pays ___________ le territoire est immense.

    *le territoire 영토   *immense 거대한, 막대한

14) Allons au Jardin des Plantes ___________ se trouve près de chez moi.

15) J'aime beaucoup ce pays ___________ je vais en vacances tous les ans.

16) Les chauffeurs détestent la neige ___________ rend la circulation difficile.

    *le chauffeur (영업용) 운전수   *la circulation 교통, 통행, 순환

17) Je regarde un château ___________ les murs sont très bas.   *le mur 벽

18) Le moment ___________ l'homme est né était un premier pas vers la mort.

19) Les roses sont des fleurs ___________ coûtent cher.

20) C'est un écrivain ___________ les livres se vendent bien.

21) Ils travaillent dans une école ___________ il n'y a pas de cour pour les enfants.

    *la cour 운동장

22) Le carré est une figure de géométrie à quatre angles droits ___________ les côtés
    sont égaux.

    *le carré 정사각형   *une figure 도형, 얼굴   *la géométrie 기하학

    *un angle 각, 모퉁이, 구석   *droit,e 곧은, 오른쪽의   *le côté 변, 옆면   *égal,e 같은, 동등한

3. 다음 밑줄 친 곳에 qui, que, dont, où 중 하나를 넣고 사람이나 사물을 맞춰보세요.

1) C'est un objet ___________ est petit, ___________ on peut mettre dans sa poche, et ___________ sert à allumer des cigarettes. C'est un ___________.

   *un objet 사물, 대상, 목적   *servir à ~ 에 쓰이다, 유익하다   *allumer 불을 붙이다

2) C'est un objet ___________ a deux roues et ___________ on se sert pour se déplacer. C'est un ___________ ou une ___________.

   *le roue 바퀴   *se servir de ~을 이용하다   *se déplacer 이동하다

3) C'est un livre ___________ les enfants aiment beaucoup et le personnage principal est amoureux d'une rose. Ce livre s'appelle ___________.

4) C'est une chose ___________ les élèves ont toujours avec eux et ___________ ils ont besoin pour écrire. C'est un ___________.   *avoir besoin de ~을 필요로 하다

5) C'est un objet ___________ les élèves utilisent pour comprendre le sens d'un mot ___________ ils ne connaissent pas. C'est un ___________.

   *le sens 뜻, 의미   *le mot 단어

4. 다음 밑줄 친 곳에 들어갈 말은?

1) Cette enfant ___________ je regarde n'est pas gentille.

   ① qui   ② que   ③ dont   ④ où

2) J'ai rencontré un ami ___________ le père est professeur.

   ① qui   ② que   ③ dont   ④ où

3) Il y aura des moments difficiles ___________ tu rencontreras dans ta vie.

   ① qui   ② que   ③ dont   ④ où

제6과

TEXTE

1. Je parle de mes vacances à Paris.

2. Le train franchit le pont.

3. Je meurs de faim.

4. J'ai quitté Paris il y a un mois.

5. Ils sont montés dans le taxi.

6. Je viens de retrouver mes amis à Deauville.

7. Qu'est-ce que tu mangeras?

8. Ils réussiront au concours d'entrée.

9. Nous serons bientôt à Paris.

10. Ils vont arriver dans dix minutes.

11. Elle boit une tasse de café à la terrasse d'un café devant l'Opéra.

12. Il doit être impossible de connaître tous les noms des rues.

13. Il ne faut pas oublier de rendre ce livre à Mina.

14. Vous enverrez des cartes postales de la tour Eiffel à vos amis.

15. Qu'est-ce que tu as fait cet après-midi?

16. J'ai eu de la chance de vous rencontrer.

17. A la Comédie-Française, on s'est bien amusé et on a entendu beaucoup de rires dans la salle.

GRAMMAIRE

주요 시제 표현 정리

1. 직설법 현재 (Présent de l'indicatif) – Révision

● **1군 규칙 동사(~er) : –e, –es, –e, –ons, –ez, –ent**

> **Ex]** chercher 찾다 – Je cherch**e** Nous cherch**ons**
> Tu cherch**es** Vous cherch**ez**
> Il cherch**e** Ils cherch**ent**

● **2군 규칙 동사(~ir) : –is, –is, –it, –issons, –issez, –issent**

> **Ex]** choisir 선택하다 – Je chois**is** Nous chois**issons**
> Tu chois**is** Vous chois**issez**
> Il chois**it** Ils chois**issent**

● **3군은 불규칙 변화이므로 따로 암기해야 한다.**

> **Ex]** avoir 가지다 – J'ai Nous avons
> Tu as Vous avez
> Il a Ils ont

▢ 직설법 현재 용법

1) 현재의 행위나 상태

Elle joue avec son fils dans la cour. 그녀는 운동장에서 아들과 함께 놀고 있다.
Je suis très fatigué. 나는 매우 피곤하다.

2) 현재의 습관이나 반복되는 사실

Je me lève à 6 heures tous les matins. 나는 매일 아침 6시에 일어난다.
Il pleut depuis hier. 어제부터 비가 오고 있다.

3) 불변의 진리나 보편적인 사실, 격언

Cinq plus trois font huit. 5더하기 3은 8이다.
Les murs ont des oreilles. 벽에도 귀가 있다. (낮말은 새가 듣고 밤말은 쥐가 듣는다.)

4) 현재 진행 – 프랑스어에는 영어처럼 현재진행형이 따로 없고, 현재 시제가 현재 진행을 나타낸다. 현재 진행을 꼭 구별하여 말하고 싶을 때는 '**être en train de + inf.**'란 표현을 쓰면 된다.

Il court sous la pluie. 그가 비를 맞으며 뛰고 있다.
= Il est en train de courir sous la pluie. 그가 비를 맞으며 뛰어가고 있는 중이다.

5) 근접과거, 근접미래를 대신해서

Paul sort de la classe, tu ne l'as pas vu? 뽈이 방금 교실에서 나갔는데, 너는 그를 못 봤니?
Le cours commence demain à 10 heures. 수업은 내일 10시에 시작할 것이다.

6) 명령

Tu sors! 나가!

2. 근접미래 (Futur proche) : 곧 ~할 것이다 – Révision

◉ **aller** 동사의 직설법 현재형 + 동사 원형

Ex] apprendre 배우다 –　Je **vais** apprendre　　Nous **allons** apprendre
　　　　　　　　　　　　Tu **vas** apprendre　　　Vous **allez** apprendre
　　　　　　　　　　　　Il **va** apprendre　　　　Ils **vont** apprendre

3. 직설법 단순미래 (Futur simple de l'indicatif) – Révision

◉ 1군, 2군 동사의 원형 + –ai, –as, –a, –ons, –ez, –ont

Ex] trouver 발견하다 –　　Je trouver**ai**　　　Nous trouver**ons**
　　　　　　　　　　　　Tu trouver**as**　　　Vous trouver**ez**
　　　　　　　　　　　　Il trouver**a**　　　　Ils trouver**ont**

Ex] réfléchir 심사 숙고하다 – Je réfléchir**ai**   Nous réfléchir**ons**
                                  Tu réfléchir**as**   Vous réfléchir**ez**
                                  Il réfléchir**a**   Ils réfléchir**ont**

Ex] voir 보다 –   Je verr**ai**   Nous verr**ons**
                                  Tu verr**as**   Vous verr**ez**
                                  Il verr**a**   Ils verr**ont**

＊3군은 불규칙이므로 단순미래 어간은 따로 암기해야 한다.

＊단순미래는 규칙형, 불규칙형 모두 단순미래 어미 앞에는 반드시 r가 와야 한다.

🔵 직설법 단순미래 용법

1) 나중에 일어날 미래 사실

Je te rendrai ton livre demain. 나는 내일 너에게 너의 책을 돌려줄게.

구어체에서는 'aller + inf.(근접미래)'를 주로 사용하는데, 근접미래로서의 의미를 잃고 사용될 때도 많이 있다.

Elle va se marier dans un mois. 그녀는 한 달 후에 결혼할 것이다.

2) 완곡한 명령

Vous m'apporterez une carte de vin, s'il vous plaît. 와인 메뉴판 좀 갖다 주십시오.

3) 어조 완화나 공손한 표현 – 직설법 현재를 대신해서

Pourrai-je vous demander un service? 저를 좀 도와주실 수 있습니까?

4) 현재 사실에 대한 추측 – 주로 **être**나 **avoir** 동사가 쓰인다.

Marie est absente, elle aura encore sa migraine. 마리가 결석했네, 또 편두통인가봐.
On sonne. Ce sera Marie. 누가 벨을 누른다. 아마 마리일거야.

5) 일반적인 진리

Les faibles seront toujours sacrifiés. 약자들은 항상 희생당하리라.

4. 근접과거 (Passé récent) : 방금 ~했다 – Révision

◉ **venir** 동사의 직설법 현재형 + **de** + 동사 원형

Ex] manger 먹다 –
Je **viens de** manger   Nous **venons de** manger
Tu **viens de** manger   Vous **venez de** manger
Il **vient de** manger   Ils **viennent de** manger

5. 직설법 복합과거 (Passé composé de l'indicatif) – Révision

◉ 주어 + **avoir** 동사의 현재 + 과거분사 – 과거분사를 주어의 성수에 일치 안 시킴

Ex] ouvrir 열다 –
J'ai ouvert   Nous avons ouvert
Tu as ouvert   Vous avez ouvert
Il a ouvert   Ils ont ouvert

◉ 주어 + **être** 동사의 현재 + 과거분사 – 과거분사를 주어의 성수에 일치시킴

Ex] partir 떠나다 –
Je suis parti(**e**)   Nous sommes parti**s**(**es**)
Tu es parti(**e**)   Vous êtes parti(**e, s, es**)
Il est parti   Ils sont parti**s**
Elle est parti**e**   Elles sont parti**es**

✳ 대다수의 동사들은 복합과거 조동사로 avoir를 취하지만 대명동사, 왕래발착, 장소이동 자동사들은 조동사로 être를 취하고 주어의 성과 수에 과거분사를 일치시킨다.

◘ 직설법 복합과거 용법

1) 완전히 지나간 일시적 행위나 동작 – 일상 회화나 구어체(편지, 메일, 일기 등)에서

Ce matin, j'ai pris mon petit déjeuner à 7 heures. 오늘 아침에 나는 7시에 식사를 했다.
Elle m'a vu il y a 3 ans. 그녀는 나를 3년 전에 만났다.

대개 그 결과가 현재와 관련이 있기 때문에 현시점과의 관계를 나타내는 표현인 ce matin, il y a등과 함께 자주 쓰인다.

2) 말하는 시점에서 이미 완료된 행위 – 현재완료

Voilà, j'ai fini mon devoir! 자, 나는 숙제를 끝냈다!
Elle est partie. Tu ne la verras plus. 그녀는 떠났다. 너는 더 이상 그녀를 보지 못할 것이다.

3) 과거 경험

Avez-vous été à Paris? 당신은 빠리에 가본 적이 있습니까?

4) 과거의 다른 행위가 연속적으로 이어질 때

Il s'est occupé des bagages, il a cherché un chariot, puis il est allé devant la gare
pour trouver un taxi. Le taxi s'est arrêté devant une maison moderne près du bois
de Vincennes, et il est monté dans l'ascenseur pour aller au neuvième étage.
그는 짐들을 챙겼고, 카트를 찾았다. 그리고는 택시를 잡기 위해서 역 앞으로 갔다. 택시는 뱅쎈 숲 근처의 한 현대식 건물
앞에 멈추었고, 그는 10층으로 가기 위해서 승강기를 탔다.

제7과

TEXTE

1. Cet hôtel était simple et confortable, mais il n'était pas calme. Il se trouvait au centre de la ville et de nombreuses voitures passaient dans la rue.

2. Mon mari continuait à chanter, mais il gênait les voisins, et il oubliait de penser aux autres.

3. Quand le taxi s'est arrêté devant l'hôtel, j'étais un peu fatiguée.

4. J'ai dîné seule car j'avais faim.

5. Il est retourné au bureau parce qu'il avait beaucoup de travail.

6. Quand j'ai appelé Mina et Jina à haute voix, elles n'étaient pas là.

7. Je dormais, soudain le téléphone a sonné.

8. Quand je t'ai appelé, qu'est-ce que tu faisais?

9. Hier j'ai vu sa petite amie, elle était rousse et grande. Elle était jolie!

10. Quand j'étais jeune, je riais et je pleurais facilement.

11. J'ai présenté Pierre à Claude mais avant, j'avais parlé de lui à la jeune fille.

12. J'étais contente car j'avais vu le nom de mon copain sur le programme du théâtre.

13. Aussitôt que les jeunes gens s'étaient reconnus, ils se sont adressé la parole.

14. Lorsqu'il avait reçu un e-mail, il restait songeur.

15. Quand je suis venue en France, j'avais déjà bien étudié le français.

16. Quand j'avais fait de la natation, j'étais de bonne humeur.

1. 직설법 반과거 (Imparfait de l'indicatif)

과거의 습관, 묘사, 진행, 상태 등을 나타내는 시제 표현이다.

1) 만드는 법 : 직설법 현재 1인칭 복수에서 어간을 따서(어미 **–ons**를 버리면 어간이 된다) 다음의 어미를 주어에 맞게 붙여 주면 된다.

Je _______**ais**	Nous _______**ions**	
Tu _______**ais**	Vous _______**iez**	
Il _______**ait**	Ils _______**aient**	

aimer 좋아하다
Nous aimons → J'aimais, Tu aimais, Il aimait,
Nous aimions, Vous aimiez, Ils aimaient

finir 끝내다
Nous finissons → Je finissais, Tu ______________________

boire 마시다
Nous buvons → Je buvais, Tu ______________________

faire 하다
Nous faisons → Je faisais, Tu ______________________

주의 faisons에서 –ai-의 발음이 [ə]이므로 반과거 어간 fais- 발음도 다 [fə-]로 되는 것에 주의를 해야 한다.

주의 être동사는 반과거 어간을 위의 법칙에 따르지 않고 ét-의 형태를 취한다. 어미는 위의 공식대로 해주면 된다. J'étais, Tu étais, Il était, Nous étions, Vous étiez, Ils étaient

주의 –cer 계열 동사

commencer 시작하다 – Nous commençons
→ Je commençais, Tu commençais, Il commençait,
  Nous commencions, Vous commenciez, Ils commençaient

placer 놓다
→ Je plaçais, ________________________________

____

주의 –ger 계열 동사

manger 먹다 – Nous mangeons
→ Je mangeais, Tu mangeais, Il mangeait,
  Nous mangions, Vous mangiez, Ils mangeaient

songer 생각하다
→ Je songeais, ________________________________

____

2) 반과거의 용법

a. 과거의 규칙적 또는 불규칙적인 습관이나 반복적 행위를 나타낸다.

이 경우에는 빈도의 표현과 함께 많이 쓰인다.

A Paris, je faisais un footing chaque matin.　＊faire un footing 산책하다
빠리에서 나는 아침마다 산책을 하곤 했다.

Le dimanche, toute ma famille allait à l'église.　＊une église 교회, 성당
일요일마다, 모든 나의 가족은 교회에 가곤 했다.

Parfois je dessinais quand j'étais à la maison.　＊dessiner 그리다
나는 집에 있을 때, 때때로 그림을 그리곤 했다.

b. 과거의 계속적인 행위(과거진행)나 상태를 묘사한다.

Que faisiez-vous là? 당신은 그곳에서 무엇을 하고 있었습니까?

Je travaillais quand ma mère est entrée dans ma chambre.
엄마가 내 방에 들어 왔을 때, 나는 공부(일)하고 있었다.

Il était pauvre en ce temps-là.　　＊pauvre 가난한　　＊en ce temps-là 그때
그때 그는 가난했었다.

3) 복합과거와 반과거의 용법 차이

간단히 말하면 복합과거는 과거에 정확하게 정해진 시간에 이미 완료된 행위를 말하며, 반과거는 정확하게 시점을 말할 수는 없는 불투명한 시간의 지속이나 습관을 나타낸다. 반과거를 프랑스어로 impar-fait(미완료의, 불완전한)라 하는 것도 같은 맥락이다.

Quand le train est arrivé à la gare, il y avait beaucoup de monde sur le quai.
열차가 역에 (정해진 시간에, 딱) 도착했을 때, 플랫폼 위에는 (쭈욱, 계속) 많은 사람들이 있었다.
＊la gare 역　　＊le quai 플랫폼, 강변, 부두

La semaine dernière je suis alleé à Paris. 지난주에 나는 빠리에 갔었다.
La semaine dernière j'allais à Paris. 지난주에 나는 빠리에 가곤 했었다.

2. 직설법 대과거 (Plus-que-parfait de l'indicatif)

과거에 일어난 어떤 동작보다도 한 시제 먼저 일어난 과거 사실을 나타낸다.

1) 만드는 법 : 조동사 avoir나 être의 반과거형 + 과거분사

복합과거와 마찬가지로 être를 조동사로 하면 그 과거분사는 항상 주어의 성과 수에 일치시킨다.

J'avais eu, Tu avais été, Il avait parlé, Elle avait bu
Nous avions connu, Vous aviez dit, Ils avaient dû, Elles avaient lu

J'étais allé(e), Tu étais né(e), Il était sorti, Elle était morte
Nous étions venus(es), Vous étiez parti(e, s, es), Ils étaient descendus,
Elles étaient montées

대명동사도 무조건 조동사로 être를 취한다.

Je m'étais reposé, Tu t'étais reposé ······ *se reposer 쉬다

Elle était sortie quand je l'ai visitée. 내가 그녀를 방문했을 때, 그녀는 외출하고 없었다.

Quand je suis arrivé à la gare, le train était déjà parti.
내가 역에 도착했을 때, 기차는 이미 떠나고 없었다.

대과거는 복합과거나 반과거 보다 한 시제가 앞서므로 보통 Dès que ~하자마자, Aussitôt que ~하자마자, Après que ~한 후에 등과 함께 자주 쓰인다.

Dès que j'étais sortie de chez moi, il a commencé à pleuvoir.
내가 집에서 부터 나오자마자, 비가 오기 시작했다.   *(비인칭) pleuvoir 비오다

Après que j'avais déjeuné, je faisais un footing.
나는 점심 식사 후에, 산책을 하곤 했다.   *déjeuner 점심 식사하다

그리고 Quand, Lorsque는 원래 '~할 때'라는 뜻이지만, 주절보다 한 시제가 앞설 경우 '~한 후에'라 번역되는 것에 주의를 해야 한다.

Quand les acteurs étaient arrivés sur la scène, le public s'est arrêté de parler.
배우들이 무대 위에 도착한 후, 관객은 말하는 것을 멈췄다.

1. 다음 (   ) 속의 동사를 주어에 맞게 반과거로 변화시키세요.

1) Je (faire __________),   Tu (dire __________),   Il (écrire __________),
   Nous (lire __________),   Vous (rire __________),   Ils (conduire __________)

2) Ils (vivre __________) heureux.   *vivre heureux 행복하게 살다

3) Hier, c'(être __________) samedi.

4) Quand les Legrand sont rentrés, les enfants (courir __________) dans le couloir.
   *courir 달리다   *le couloir 복도

5) Elle (prendre __________) la poupée dans ses bras, elle la (bercer __________).
   *la poupée 인형   *bercer (조용히) 흔들다

6) Cette nuit-là, il n'y (avoir __________) pas presque de lumières dans la rue.
   *cette nuit-là 그날밤   *presque 거의   *la lumière 빛, 불빛

7) Chaque dimanche, j'(accueillir __________) mes amies à la maison.
   *chaque dimanche 일요일 마다   *accueillir 맞이하다, 접대하다

8) Avant le repas, elle (asseoir __________) son enfant devant la table.
   *avant le repas 식사 전에   *asseoir 앉히다

9) Quand il me (demander __________) son nom,
   je ne le (connaître __________) pas.

10) Hier, je (courir __________) dans la rue, il (pleuvoir __________).

2. 다음 (   ) 속의 동사를 대과거로 변화시키세요.

1) Ils (venir _________) chez moi en mon absence la veille.
   *en mon absence 내가 없을 때   *la veille 그 전날

2) Tu m'as téléphoné dix fois ce matin. J'(débrancher_________) le téléphone.
   *dix fois 10번   *débrancher (휴대폰, 전기 등을) 끊다

3) Je n'ai pas pu rentrer chez moi cette nuit. J'(perdre _________) ma clé.

4) Ma copine (rater_________) son permis de conduire!
   *rater 실패하다, 망치다   *le permis de conduire 운선 면허증

5) Ils (partir _________) comme prévu la veille de mon arrivée.
   *comme prévu 예상대로, 예정대로

6) Quand elle est arrivée, j'(finir_________) mon travail depuis une heure.

7) Lorsque je suis arrivée en France, j'(étudier déjà _________) le français.

8) Les spectateurs sont sortis contents du théâtre ;
   ils (voir_________) une belle comédie.   *une comédie 희극

9) Quand ma mère est entrée dans ma chambre, j'(lire_________) une BD.
   *une BD = une Bande Dessinée 만화

10) Hier matin, quand j'ai fait ma toilette, ma fille (prendre_________) son petit
    déjeuner.

3. 다음의 한국어 내용에 맞는 프랑스어 시제 변화를 보기에서 고르세요.

1) 나는 빠리에 있을 때, 때때로 길에서 그림을 그리곤 했다.

  Parfois je (dessiner________) dans la rue quand j'(être________) à Paris.

  ① dessinerai, étais   ② dessinais, ai été

  ③ dessinais, étais   ④ dessinai, ai été

2) 내가 그녀의 방에 들어 갔을 때, 그녀는 자고 있었다.

  Elle (dormir________) quand je (entrer________) dans sa chambre.

  ① dormait, suis entrée   ② a dormi, suis entrée

  ③ dormait, suis entrais   ④ a dormi, suis entrai

3) 우리가 역에 도착했을 때, 그녀는 이미 떠나고 없었다.

  Quand nous (arriver________) à la gare, elle (déjà partir________).

  ① étions arrivés, était déjà partie

  ② sommes arrivés, était déjà partie

  ③ arrivions, est déjà partie

  ④ sommes arrivés, est déjà partie

4) 숙제를 끝낸 후, 그녀는 까페에 가곤했다.

  Lorsqu'elle (finir________) ses devoirs, elle (aller________) au café.

  ① a fini, allait   ② aura fini, est allée

  ③ avait fini, allait   ④ finissait, allait

제8과

TEXTE

1. Quand nous aurons déjeuné, nous sortirons ensemble.

2. Tu ne sortiras de table que lorsque tu auras mangé toute ta viande.

3. Je vous téléphonerai dès qu'elle sera revenue.

4. Je prendrai la commande dès que tu auras choisi.

5. Nous sortirons aussitôt que la pluie aura cessé.

6. J'aurai écrit cette lettre avant minuit.

7. Je dois rentrer chez moi ; j'aurai oublié de fermer le gaz.

8. Les enfants sortent dans la cour en dansant.

9. Il me quitte en souriant. Il m'a quittée en souriant. Il me quittera en souriant.

10. Elle fait la vaisselle tout en chantant.

11. Ne mangez pas vite, mangez lentement.

12. Ce devoir n'est pas difficile, vous le ferez facilement.

13. Quand elle sort, elle s'habille coquettement.

14. Il s'est senti profondément vexé.

15. Mon mari m'a demandé gentiment de faire la vaisselle.

16. Je ne l'ai pas fait méchamment, pardonnez-moi.

17. Depuis, elle ne cuisine plus et son mari doit manger froid.

18. Combien coûte cette peinture? - Elle coûtera à peu près trente mille euros.

1. 전미래 (Futur antérieur)

1) 만드는 법 : 조동사 avoir나 être의 단순미래형 + 과거분사

donner - J'aurai donné, Tu auras donné, Il aura donné,
Nous aurons donné, Vous aurez donné, Ils auront donné

sortir - Je serai sorti(e), Tu seras sortie, Il sera sorti, Elle sera sortie,
Nous serons sortis(es), Vous serez sorti(e, s, es), Ils seront sortis,
Elles seront sorties

* être를 조동사로 하는 복합시제에서는 과거분사를 주어의 성과 수에 일치를 한다.

2) 용법

a. 단순미래 보다 한 시제 앞선 미래를 나타낸다. – 주로 **quand**(~할 때, ~한 후에), **lorsque**(~할 때, ~한 후에), **aussitôt que**(~하자마자), **dès que**(~하자마자)등의 접속사와 함께 많이 쓰인다.

Elle **sera sortie** quand vous reviendrez. 당신이 돌아오기 전에 그녀는 외출할 것이다.

Quand j'**aurai fini** mon devoir, j'irai au cinéma. 숙제를 끝낸 후에, 나는 영화관에 갈 것이다.

* Quand 이나 Lorsque 절은 주절보다 한 시제 앞서면 '~한 후에'라고 번역한다.

b. 미래완료를 나타낸다. 독립절에서 쓰이며, 미래의 완료 시점을 나타내주는 전치사 **à**나 **avant**이 함께 자주 나온다.

Tu auras fini ce travail à neuf heures. 너는 이 일을 9시까지 끝내도록 해라.

c. 과거 사실에 대한 추측을 나타낸다.

Elle n'est pas encore arrivée, elle aura manqué le train.
그녀가 아직 도착하지 못했네. 열차를 놓쳤나봐.

2. 제롱디프 (Gérondif) : 동시성 (~하면서)

제롱디프는 여러 용법이 있으나 초중급 과정에서는 일단 동시 동작(~하면서) 용법만 다루기로 한다.

1) 만드는 법

현재분사 앞에 전치사 en을 놓으면 된다. '~하면서'라 번역된다.

현재분사는 1인칭 복수 Nous에서 어간(반과거 어간과 동일)을 따서 현재분사 어미 –ant를 붙여서 만든다.

제롱디프 Gérondif : en + 현재분사(~ant)

boire 마시다 – Nous buvons → buvant → en buvant 마시면서
voir 보다 – Nous voyons → voyant → en voyant 보면서
attendre 기다리다 – Nous attendons → attendant → en attendant 기다리면서

2) 제롱디프 용법

여러 가지 다양한 용법(추후 설명)들이 있으나, 초중급 과정에서는 주어의 행위하고의 동시동작을 나타내는 행위의 구문들을 위주로 공부한다. 동시동작 행위를 나타내므로 '~하면서'라 번역한다. 전인칭, 전시제에서 동일한 형태(en ~ant)로 쓰인다.

Son mari lit toujours les journaux en écoutant de la musique classique.
그녀의 남편은 클래식 음악을 들으면서 항상 신문을 읽는다.

Ils sont entrés dans la cantine en faisant beaucoup de bruit.   *la cantine 구내식당
그들은 큰 소리를 내면서 구내식당 안으로 들어 왔다.

제롱디프 앞에 tout를 붙이면 우리나라 말로는 번역의 차이가 없지만, 프랑스어로는 동시성을 강조하며 대립을 나타내기도 한다.

Elles causaient joyeusement tout en buvant.
 *causer 잡담을 나누다   *joyeusement 즐겁게
그녀들은 마시면서 즐겁게 이야기를 하고 있었다.

3. 부사 (Adverbe)

1) 방법의 부사

[만드는 법] 원칙적으로는 형용사 뒤에 –ment을 붙여서 만든다.

a.모음으로 끝나는 형용사는 뒤에다 **–ment**을 붙인다.

difficile → difficilement 어렵게　　　　　vrai → vraiment 정말로

joli → joliment 예쁘게

예외 gai → gaiement 즐겁게

Ils s'aiment vraiment? 그들이 정말 서로 사랑하고 있습니까?

b.그 이외의 것은 형용사 여성형 뒤에 **–ment**을 붙인다.

lent → lentement 느리게　　　　　heureux → heureusement 행복하게

complet → complètement 완전하게　　　　　doux → doucement 부드럽게, 천천히

Parlez plus doucement, s'il vous plaît. 좀 더 천천히 말해주세요.

c.–ant → –amment, –ent → –emment 으로 한다.

constant → constamment 줄곧, 끊임없이

courant → couramment 유창하게　　　　　fréquent → fréquemment 자주

évident → évidemment 확실히　　　　　patient → patiemment 참을성 있게

prudent → prudemment 신중하게, 조심스럽게

주의 –emment에서 앞의 e의 발음이 [a]로 된다는 것에 주의를 해야 한다.

Elle parle couramment cinq langues étrangères. 그녀는 다섯 개의 외국어를 유창하게 한다.

On doit conduire prudemment à Paris. 빠리에서는 조심스럽게 운전을 해야 한다.

d. 불규칙한 것들

confus → confusément 어수선하게   profond → profondément 깊이, 극도로
aveugle → aveuglément 맹목적으로   gentil → gentiment 친절하게 얌전하게

Cette nuit j'ai pu dormir profondément. 간밤에 나는 깊이 잠잘 수 있었다.

e. 기타형 – 품사 자체가 부사인 단어들

beaucoup 많이   bien 잘   trop 너무   plutôt 오히려   très 매우
ensemble 함께   ainsi 이와 같이   à peu près 거의 대략 등

Il y avait à peu près deux mille habitants dans ce village.   *un habitant 주민
그 마을에는 대략 2천 명의 주민들이 있었다.

2) 장소의 부사

ici 여기에	là 저기에	ailleurs 다른 곳에	autour 주위에
devant 앞에	derrière 뒤에서	dessus 바로 위에	dessous 바로 아래에
en bas 아래에	en haut 위에	près 가까이에	loin 멀리에
où 어디에	dehors 밖에	partout 어디든지 등	

Dans ce quartier il y avait des fleurs partout. 이 동네에는 도처에 꽃들이 있었다.

3) 시간의 부사

hier 어제	aujourd'hui 오늘	demain 내일	maintenant 지금
tôt 일찍	tard 늦게	avant 전에, 먼저	après 나중에
depuis 그 이후에	désormais 이제부터	bientôt 곧	aussitôt 곧, 즉시
déjà 이미	encore 아직	autrefois 옛날에, 예전에	jadis 옛날에, 예전에
enfin 결국	alors 그때	quand 언제	dernièrement 최근에
auparavant 먼저, 그전에	toujours 항상	souvent 자주	quelquefois 이따금
parfois 때때로	de temps en temps 때때로 등		

Désormais je ne te verrai plus. 이제부터 나는 더 이상 너를 보지 않겠다.
Depuis, les choses ont changé. 그 이후에 사정이 달라졌다.

EXERCICES

1. 다음 (   ) 속의 동사를 전미래로 변화시키세요.

1) Quand nous (gagner______________) assez d'argent, nous achèterons un bateau.
   * gagner 벌다   * assez de 충분한   * un bateat 배

2) Lorsque tu (être______________) riche, tu feras le tour du monde?
   * faire le tour du monde 세계일주를 하다

3) Quand elle (lire______________) le journal, elle le donnera à son mari.

4) Lorsqu'elle (sortir______________) de la gare, elle prendra un taxi.

5) Dès que je (arriver______________), je te téléphonerai.

6) Je passerai chez toi aussitôt que j'(défaire______________) mes valises.
   * défaire (짐, 가방 등을) 풀다

7) Dès qu'il (voir______________) sa mère, il courra vers elle.

8) Tu (terminer______________) ce devoir à onze heures!

9) Elle (oublier______________) de prendre le parapluie.

10) Dans quelques mois j'(faire______________) beaucoup de progrès en français.
   * dans quelques mois   몇 달 후에   * faire beaucoup de progrès 많은 발전을 하다

2. 다음 (   ) 속의 동사를 제롱디프 표현으로 바꾸세요.

1) Il m'a rencontrée (aller ______________) au café.   * rencontrer 만나다

2) Elle m'a aperçu (courir ______________) dans la cour.
   * apercevoir 발견하다   * la cour 운동장

3) Il marche sur le trottoir (manger ______________).   * le trottoir 인도, 보도

4) Elle nettoie la salle à manger (placer ______________) les chaises.
   * nettoyer 청소하다   * la salle à manger 식당

5) Ils se sont quittés (sourire ______________).
   * se quitter 서로 떠나다   * sourire 미소짓다

6) Tout le monde regardait le feu d'artifice (crier ______________) ≪Bravo!≫.
   * tout le monde 모든 사람들   * le feu d'artifice 불꽃 놀이   * crier 소리치다

3. 다음 형용사를 부사형으로 바꿔 쓰세요.

coquet______________   complet______________   courant______________

facile______________   fraternel______________   gai______________

habituel______________   juste______________   léger______________

lent______________   long______________   lourd______________

naturel______________   profond______________   propre______________

prudent______________   rapide______________   sûr______________

vrai______________

4. 다음 밑줄 친 곳에 들어갈 말은?

1) Nous irons déjeuner au restaurant, dès que tu ______________ ton devoir.

　① terminais　　② as terminé　　③ avais terminé　　④ auras terminé

2) Je ______________ chez moi avant minuit.

　① serai rentrée　② suis rentrée　③ rentrai　　④ rentrais

3) Je vous prêterai cette revue quand je l'______________.

　① ai lue　　② aurai lue　　③ avait lue　　④ étais lue

4) En ______________, nous avons regardé les vitrines des magasins.

　① se promenant　　② nous promenant

　③ nous promenons　　④ se promenons

5. 다음 중 부사형이 잘못된 것은?

1) ① profondément　② couramment　③ gaiement　④ réçamment

2) ① aveuglement　② joliment　③ absolument　④ complètement

3) ① gentiment　② fraternellement　③ franchement　④ coquètement

92

제9과

TEXTE

1. Si tu voulais, nous pourrions apprendre le coréen.

2. Si j'avais dix ans de moins, je t'accompagnerais.

3. Si tu réussissais à l'examen, tes parents seraient très contents.

4. Si elle était libre, elle viendrait me voir.

5. Si ce tableau avait de la valeur, je le vendrais.

6. Si vous me demandez de vous aider, je le ferai.

7. Si tu lui dis des paroles aimables, tu lui causeras de la joie.

8. J'aimerais apprendre le coréen.

9. Pourriez-vous me dire où se trouve l'arrêt d'autobus, s'il vous plaît?

10. Tu devrais boire un peu moins de café!

11. Vous ne devriez pas attendre le dernier moment.

12. Elle devrait parler couramment coréen maintenant.

13. Vous n'auriez pas la monnaie de 20€?

14. Tu cherches un cadeau pour Elsa? Tu pourrais lui offrir un bracelet.

1. 조건법 현재 (Conditionnel présent)

1) 만드는 법 : 직설법 단순미래 어간 + 반과거 어미 (예외가 없다.)

Ex1] parler(parler ~) 말하다

Je parler**ais**	Nous parler**ions**
Tu parler**ais**	Vous parler**iez**
Il parler**ait**	Ils parler**aient**

Ex2] choisir(choisir ~) 선택하다

Je choisirais, Tu choisirais, Il choisirait,

Nous ________________________________

Ex3] avoir(aur ~) 가지다

J'aurais ________________________________

Nous ________________________________

Ex4] être(ser ~) 이다, 있다

Je serais ________________________________

Nous ________________________________

Ex5] aller(ir ~) 가다

J'irais ________________________________

Nous ________________________________

Ex6] envoyer(enverr ~) 보내다

J'enverrais ________________________________

Nous ________________________________ 등

2) 용법

a. 기원, 바람

Je voudrais partir en vacances. 바캉스를 떠나고 싶어.
J'aimerais visiter le musée d'Orsay. 오르세 미술관을 방문해보고 싶어.

b. 부탁이나 제안, 충고 등의 완곡한 표현

Pourriez-vous ouvrir la fenêtre, s'il vous plaît? 창문을 열어주시겠습니까?
Tu devrais partir plus tôt. 넌 좀 더 일찍 출발해야 해.
Il y a une grève. Tu ferais mieux de prendre le métro.
파업이 있어. 지하철을 타는 게 더 나을 거야.

c. 확인되지 않은 정보

Le président se rendrait en visite officielle au Mexique.
대통령은 멕시코를 공식 방문할 듯 하다. *se rendre ~에 가다

d. 추측

Ce serait de ta faute. 그것은 너의 잘못일 거야. *la faute 잘못, 실수
Il serait impossible de réussir sans effort. 노력 없이 성공한다는 것은 불가능할 것이다.
 *Il est impossible de 동사원형 : (비인칭)~하는 것은 불가능하다. *sans effort 노력 없이, 쉽게

2. 조건법 과거 (Conditionnel passé)

1) 만드는 법 : 조동사 **avoir**나 **être**의 조건법 현재 + 과거분사

J'aurais parlé, Tu serais parti(**e**) , Il aurait choisi 등

2) 용법

a. 과거의 확인되지 않은 정보나 추측

Un accident aurait eu lieu sur l'autoroute. 고속도로에서 사고가 발생했던 것 같다.
Le maire serait mort d'un cancer. 그 시장은 암으로 사망했던 것 같다.

b. 과거의 후회, 유감, 질책, 자책

J'aurais aimé faire des études scientifiques. 나는 과학 공부를 하고 싶었었는데.

Tu aurais dû me prévenir. 나에게 미리 알려줬었어야지.

Je ne serais pas sorti hier soir. 어제 저녁에 외출하지 말았어야 했는데.

3. 불확실한 미래의 가정을 나타내는 조건문

Si + 직설법 현재, 직설법 단순미래 : 만약 ～라면, ～할 것이다.

Si je suis libre, j'irai chez toi. 시간이 있으면, 너의 집에 갈게.

S'il fait beau demain, je me promènerai au parc. 내일 날씨가 좋으면, 공원에서 산책할거야.

4. 실현 불가능한 현재에 대한 가정문

Si + 직설법 반과거, 조건법 현재 : 만약 ～라면, ～할 텐데.

S'il faisait beau, je me promènerais au parc. 날씨가 좋다면, 공원에서 산책할 텐데.

Si tu travaillais mieux, tu réussirais. 네가 더 열심히 공부한다면, 성공할 텐데.

Si j'avais le temps, je t'enverrais un colis. 내가 시간이 있다면, 너에게 소포를 보낼 텐데.

5. 실현 불가능한 과거에 대한 가정문

Si + 직설법 대과거, 조건법 과거 : 만약 ～했었더라면, ～했었을 텐데.

Si j'avais eu de l'argent, j'aurais acheté une jolie voiture.

내가 돈이 있었더라면, 예쁜 자동차를 샀었을 텐데.

Si elle n'était pas partie en retard, elle aurait pris le train.

그녀가 늦게 출발하지 않았더라면, 그 기차를 탔었을 텐데.

S'il n'avait pas plu, on aurait fait du camping.

비가 오지 않았더라면, 우리는 캠핑을 했었을 텐데.

1. 조건법 현재 구문이 되도록 (   ) 속의 동사를 변화시키세요.

1) S'il (faire___________) beau, je (partir___________).

2) Si je ne (sortir___________) pas, je (finir___________) mon travail.

3) Si vous (avoir___________) le temps, vous (venir___________) avec elle.

4) Si tu (aller___________) au théâtre, tu (s'amuser___________).

5) Si vous (écouter___________) bien, vous (comprendre___________).

6) Si je (conduire___________) mes enfants au cinéma, ils (être___________) contents.

7) Si je (monter___________) au sommet de la tour Eiffel, je (voir___________) tout Paris. *au sommet de ~의 정상으로, 꼭대기로

8) Si vous (voir___________) ce film, vous (éprouver___________) une profonde émotion. *éprouver 경험하다 *profond,e 깊은 *une émotion 감정, 감격, 흥분

9) Si vous (vouloir___________) venir avec moi, nous (aller___________) nous promener sur la Seine.

10) Si vous (assister___________) un jour à ce spectacle, vous ne (sourire___________) pas.

2. 다음 (   ) 속의 동사를 조건법 현재로 변화시키고 번역하세요.

1) Je (vouloir___________) parler à Mireille.

2) Je (désirer___________) vous poser une question.

3) (Pouvoir___________) –vous me prêter ce livre?

4) (Vouloir___________) –vous fermer la porte?

5) (Avoir___________) –vous peur?

6) Vous (devoir___________) terminer ce travail plus tôt.

7) J'(aimer___________) te revoir demain à la même place et à la même heure.

8) Vous (avoir___________) la monnaie de dix euros?

3. 다음 (   ) 속의 동사를 문법에 맞게 동사변화 시키세요.

1) Si j'avais le temps, je la (visiter_______________).

2) Si tu (m'appeler_______________) demain, j'irais n'importe où.

  *n'importe où 어디든지

3) Si j'avais ma voiture, je (aller_______________) la rejoindre.   *rejoindre 다시 만나다

4) Nous (être_______________) ravis si tu réussissais.   *ravi,e 몹시 기쁜, 매료된

5) Si tu (être_______________) à la maison, je te donnerais un bon chocolat.

6) Si mon emploi du temps me le (permettre_______________) je serais près de toi

  maintenant.   *un emploi du temps 스케줄, 일과, 시간표

7) Si tu arrives en retard, je (manger_______________) seule.

8) Si elle m'appelle, je te le (dire_______________).   *appeler 전화하다, 부르다

9) Si tu écoutais bien, tu (pouvoir_______________) y répondre.

10) Si tu y venais avec moi, j'en (être_______________) heureuse.

4. 다음 밑줄 친 곳에 들어갈 말은?

1) Si j'avais de l'argent, je t'_______________ un bouquet de roses.

① envoie   ② enverrai   ③ enverrais   ④ envoyerai

2) Si je _______________ libre demain, j'y irai avec toi.

① suis   ② serai   ③ serais   ④ serai été

3) Si j'avais eu le temps, j'y _______________ avec toi.

① aura voyagé   ② aurais voyagé   ③ avais voyagé   ④ voyagerai

제10과

TEXTE

1. Tous les matins, je me lève de bonne heure. Tout de suite je me brosse les dents, je me lave, je me peigne et je m'habille rapidement. Je me promène dans le jardin près de chez moi avant de me rendre à la salle à manger. Ensuite je me mets à table en famille. Ma famille se compose de cinq personnes. Mais nous nous adressons peu la parole à table, nous nous pressons tellement chaque matin.

2. Sa voiture s'est éloignée très vite et dix minutes après, elle s'est arrêtée devant l'hôpital.

3. Ma sœur s'est blessée au doigt.

4. Asseyez-vous, mesdames.

5. Réchauffe-toi au feu.

6. Le proverbe dit, " Aide-toi et le ciel t'aidera."

7. Ne vous fatiguez pas les yeux, portez des lunettes de soleil quand vous serez au soleil.

8. Elles se sont regardées, inquiètes.

9. Ils se sont dit bonjour.

10. De grands immeubles se sont bâtis dans cette région.

11. Comment s'appelle-t-elle? - Elle s'appelle Jina KIM.

12. Comment se dit ce mot en français?

13. De nos jours, ce mot s'emploie rarement.

14. Le vin se fabrique dans cet endroit.

15. Quand je me suis approchée de l'oiseau, il s'est envolé.

16. Votre fièvre s'en ira bien vite.

17. Aïe! s'est écriée Mina.

18. Pourquoi vous moquez-vous de moi?

19. Je me fie à mes yeux.

20. Ne vous occupez pas de moi pour l'instant.

21. Il ne s'agit pas d'argent, il s'agit de votre avenir.

22. Comment vous portez-vous? - Merci, un peu fatiguée, je ne me sens pas bien, j'ai de la fièvre. Je me suis enrhumée peut-être.

23. Tandis que je me suis mise au travail, elles se sont mises à jouer.

24. Où êtes-vous donc restée si longtemps? - Je me suis trompée de chemin et je me suis égarée dans la forêt.

1. 대명동사 (Verbes pronominaux)

1) 대명동사 의문문 : 주어를 동사 바로 뒤에 ―로 연결해서 도치시키면 된다.

Tu te lèves tard. → Te lèves-tu tard? 너는 늦게 일어나니?
Il se lève tôt. → Se lève-t-il tôt? 그는 일찍 일어나니?
Vous vous levez tôt. → Vous levez-vous tôt? 당신은 늦게 일어납니까?

위에서 보다시피 문장 읽기도 불편하고 너무 문법적 표현이라 실제 회화에서는 거의 쓰이지 않고 문어체에서만 간혹 쓰이고 있는 표현이다. 실제 회화에서는 다음 표현을 많이 쓴다.

Tu te lèves tard. → Est-ce que tu te lèves tard?
Tu te lèves tard?/

Il se lève tôt. → Est-ce qu'il se lève tôt?
Il se lève tôt?/

Vous vous levez tôt. → Est-ce que vous vous levez tôt?
Vous vous levez tôt?/

2) 대명동사 부정문 : 주어 다음에 **ne,** 동사 바로 뒤에 **pas**를 써주면 된다.

Tu te lèves tard. → Tu ne te lèves pas tard.
Il se lève tôt. → Il ne se lève pas tôt.
Vous vous levez tôt. → Vous ne vous levez pas tôt.

3) 대명동사 부정 의문문 ― 도치된 동사와 주어의 앞과 뒤에 **se**까지 묶어서 **ne, pas**를 붙이면 되지만, 문어체에서만 간혹 쓰이는 표현이다. 가볍게 알아두자.

Te lèves-tu tard? → Ne te lèves-tu pas tard?
Se lève-t-il tôt? → Ne se lève-t-il pas tôt?
Vous levez-vous tôt? → Ne vous levez-vous pas tôt?

실제 회화에서는 다음과 같은 표현을 쓰면 된다.

Tu ne te lèves pas tôt. → Est-ce que tu ne te lèves pas tôt?
Tu ne te lèves pas tôt?↗

Il ne se lève pas tôt. → Est-ce qu'il ne se lève pas tôt?
Il ne se lève pas tôt?↗

Vous ne vous levez pas tôt. → Est-ce que vous ne vous levez pas tôt?
Vous ne vous levez pas tôt?↗

4) 대명동사 명령문 : 다른 동사들과 똑같이 2인칭 단수 **Tu**에서 동사 변화 어미가 **−es, −as**인 경우에 **s**를 탈락시키면 되지만, **Tu**에 대한 명령문에서는 발음상 어감이 좋지 않아 **te**가 강세형 **toi**로 바뀐다는 것에 주의를 해야 된다.

＊se lever 일어나다

Tu te lèves. → Lève-te.(×) → Lève-toi. 일어나.

Nous nous levons. → Levons-nous. 일어납시다.

Vous vous levez. → Levez-vous. 일어나세요.

이와 같이 긍정 명령문에서만 직목, 간목 대명사가 동사 뒤에 위치한다. 단, 대명사가 me나 te일 경우에는 각각 강세형 moi, toi로 바뀐다는 것에 주의를 해야 한다.

＊s'asseoir 앉다

Tu t'assieds. → Assieds-te.(×) → Assieds-toi. 앉아.

Nous nous asseyons. → Asseyons-nous. 앉읍시다.

Vous vous asseyez. → Asseyez-vous. 앉으세요.

2. 대명동사의 종류

1) 재귀적 용법

행위가 주어 자신에게 되돌아오는 것을 말하며 자동사적인 용법과 타동사적인 용법으로 나눌 수 있다.

a. 자동사적 구문

뒤에 직접목적 보어 없이 대명동사만 나오는 경우를 말한다. 자신을 '스스로 ~한다'는 의미로 이럴 경우의 se는 직접목적 보어로 간주한다.

s'amuser 즐기다, s'asseoir 앉다, se blesser 상처를 입다, se coucher 잠자리에 들다, s'habiller 옷을 입다, se laver 씻다, se lever 일어나다, se promener 산책하다, se réveiller 깨다 등

Asseyez-vous. 앉으세요.
Elle se couche trop tard. 그녀는 너무 늦게 잠자리에 든다.
Elle se regarde dans la glace. 그녀는 거울을 본다.

b. 타동사적 구문

대명동사 뒤에 직접목적 보어가 나오는 경우를 말하며 이럴 경우의 se는 '자신에게'란 의미로 간접목적 보어로 간주한다.

se donner de la peine 애쓰다, s'imaginer ~을 상상하다, se procurer ~을 손에 넣다, se rappeler ~을 회상하다 등

Il s'est donné beaucoup de peine pour revoir Mina.
그는 Mina를 다시 만나기 위하여 많은 노력을 하였다.

Où vous êtes-vous procuré cette bague? 당신은 이 반지를 어디에서 구했습니까?

Je ne me rappelle plus le nom. 나는 더 이상 그 이름을 기억하지 못한다.
＊ne ~ plus 더 이상 ~ 아니다

cf) 그러나 대다수의 대명동사는 문장에 따라 자동사, 타동사적인 의미로 다 쓰이기도 한다. 이는 대명동사 뒤에 직접목적 보어의 유무에 따라 구별이 된다.

Il se lave dans la salle de bain. 그는 욕실에서 씻고 있다.
– 이 문장의 경우는 대명동사 뒤에 직접목적 보어(~을)가 나오지 않았으니 자동사적인 의미의 구문
이다. 그러므로 se는 직접보어로 간주된다.

Il se lave les mains dans la salle de bain. 그는 욕실에서 손을 씻고 있다.
– 이 문장의 경우는 대명동사 뒤에 직접목적 보어(~을)가 나왔으니 타동사적인 의미의 구문이다.
그러므로 se는 간접보어로 간주된다.

2) 상호적 용법

주어는 항상 복수이며 '서로'라고 번역된다. 문장에 따라 직접보어 구문과 간접보어 구문으로 나눈다.

a. 직접보어 구문

동사의 성질(직접 타동사)에 따라 '서로를'이라고 번역되면 직접보어 구문으로 간주한다.

s'aimer (서로를) 사랑하다, se connaître (서로를) 알다, se regarder (서로를) 보다,
se rencontrer (서로를) 만나다 등

또한 상호적 대명동사를 나타내기 위하여 entre란 접두사를 사용하기도 한다.

s'entraider 서로 돕다, s'entrelacer 서로 얽히다

Ils s'aiment (l'un l'autre 또는 les uns les autres). 그들은 서로(를) 사랑한다.
– 상호적 대명동사를 강조하기 위하여 '서로'란 뜻의 l'un l'autre(둘이 서로), les uns les autres(셋 이
상이 서로) 또는 mutuellement(서로)의 표현을 뒤에 써주기도 한다.

Nous nous connaissons bien depuis notre enfance.
우리는 어릴 때부터 서로 잘 알고 있습니다.

Elles se sont rencontrées dans ce café. 그녀들은 이 까페에서 서로 만났다.

b. 간접보어 구문

se donner (서로에게) 주다, s'écrire (서로에게) 편지 쓰다, s'envoyer (서로에게) 보내다, se jeter
(서로에게) 던지다 등

Ils se donnent la main dans la rue. 그들은 길에서 서로 악수하고 있다.

Ils s'envoient régulièrement un e-mail (l'un à l'autre).
그들은 정기적으로 서로에게 이메일을 보낸다.

Enfants, il ne faut pas vous jeter des pierres (les uns aux autres).
얘들아, 서로에게 돌을 던져서는 안된다.

주의 se saluer (서로에게) 인사하다, se questionner (서로에게) 질문하다 등은 우리나라말로 서로에게라
고 번역이 되지만 동사의 성질상 직접 타동사이므로 직접 보어로 간주된다는 것에 주의를 해야 한다.

Ils se saluent (l'un l'autre, les uns les autres). 그들은 서로 인사하고 있다.

Elles se questionnent. (l'une l'autre, les unes les autres) 그녀들은 서로 질문하고 있다.

3) 수동적 용법

주어는 항상 사물이며(예외: s'appeler) 수동적으로 번역이 된다. 영어에서 수동태로 쓰이는 경우라도
프랑스어에서는 수동적 대명동사로 쓰는 경우가 더 많다. 수동적 대명동사의 se는 모두 직접 보어로
간주한다.

se bâtir 세워지다, se composer 구성되다, s'employer 사용되다, se fabriquer 제조되다,
se fermer 닫히다, se manger 먹히다, se prononcer 발음되다, se vendre 팔리다 등

Ce mot ne s'emploie guère. 이 단어는 거의 쓰이지 않고 있다.
＊le mot 단어   ＊ne ~ guère 거의 아니다

Comment se prononce cette lettre? 이 글자는 어떻게 발음됩니까?
＊la lettre 글자, 편지

Ce livre se vend bien en Corée. 이 책은 한국에서 잘 팔리고 있다.

4) 본질적 용법

다른 동사들처럼 동사 앞에 se를 붙여서 대명동사가 되는 것이 아니고, 항상 대명동사(se ~)로만 쓰이는 동사를 본질적 대명동사라 한다. 자동사 구문보다는 전치사 de를 뒤에 붙여서 보어에 잇는 타동사적 의미의 것들이 많다. 본질적 용법의 se는 모두 직접 보어로 간주한다.

a. 자동사적 의미

s'écrier 외치다, s'envoler 날아오르다, s'en aller 가버리다 등

Elle s'est écriée ≪Vite.≫. 그녀가 "빨리"라고 소리쳤다.
Le temps s'en va rapidement. 시간이 빠르게 지나간다.

b. 타동사적 의미

s'absenter de ~을 비우다, s'abstenir de ~을 삼가다, s'emparer de ~을 탈취하다, se fier à ~을 신뢰하다, se moquer de ~을 비웃다, se repentir de ~을 후회하다, se souvenir de ~을 회상하다 등

Elle s'est repentie de sa faute. 그녀는 자신의 잘못을 후회했다.
Elle s'est souvenue du jour. 그녀는 그 날을 회상했다.

c. 기타 주요 표현

그 밖에 동사 원래의 뜻과는 다르게 대명동사로 쓰이면서 숙어 구문이나 특별한 뜻을 갖게 하는 것을 말한다. 본질적 용법의 특수한 형태로 보며 이 경우의 se도 직접보어로 간주한다.

il s'agit de ~이 문제이다, s'attendre à ~을 기대하다, se mettre à ~을 시작하다, se mettre d'accord 찬성하다, se porter(= aller) 지내다, se tromper de ~을 잘못 알다, se trouver 있다 등

La Corée se trouve en Asie. 한국은 아시아에 있다.
Comment vous portez-vous? – Je me porte à merveille.
잘 지내십니까? – 저는 매우 잘 지내고 있습니다.　＊à merveille 놀랍도록, 훌륭하게, 매우 잘
Il ne s'agit pas de moi, il s'agit de ton avenir. 내 문제가 아니고, 네 장래가 문제야.

1. 다음 문장을 의문문으로 고치세요. (주어, 동사 도치 구문으로)

1) Tu te rappelles le jour.

____

2) Vous vous levez tôt.

____

3) Nous nous levons.

____

4) Tu t'assieds dans le fauteuil.   *le fauteuil (개인용) 소파, 안락의자

____

5) Tu te dépêches.   *se dépêcher 서두르다

____

2. 1번 문제를 긍정 명령문으로 고치세요.

1) ____
2) ____
3) ____
4) ____
5) ____

3. 1번 문제를 부정 명령문으로 고치세요.

1) ____
2) ____
3) ____
4) ____
5) ____

4. 다음 문장의 대명동사 종류를 말하고 한국어로 번역하세요.

1) Elle s'est cachée derrière un camion.
   *se cacher 숨다   *derrière un camion 트럭 뒤로

2) Elles s'envoient des e-mails tous les jours.

3) Des chiens se battent depuis longtemps.   *se battre 싸우다

4) Les choux se sont bien vendus en cette saison.   *le chou 양배추

5) Tu ne te repens pas de ta faute.   *la faute 실수, 잘못

6) Nous devons nous aimer mutuellement.

7) Va-t'en!

5. Tu te laves.를 명령문으로 고치세요.

① Laves-toi.   ② Lave-toi.   ③ Te laves.   ④ Te lave.

6. Nous nous levons tôt.를 부정문으로 고치세요.

① Nous ne nous levons pas tôt.   ② Nous nous ne levons pas tôt.
③ Nous ne nous levons tôt pas.   ④ Nous nous ne levons tôt pas.

7. Levez-vous.를 부정명령문으로 고치세요.

① Ne levez vous pas.　　　② Ne vous pas levez.

③ Vous ne levez pas.　　　④ Ne vous levez pas.

8. 다음 중 대명동사 용법이 나머지 셋과 다른 것은?

1)① Elle s'écrie.　　　② Il s'en va.

　③ Tu te moques de moi.　　　④ Il se regarde.

2)① Je m'appelle Mina.　　　② Je me rappelle le nom.

　③ Comment se prononce cette lettre?　　　④ Ce livre se vend bien.

제11과

1. 비인칭 표현 (Impersonnel)

영어의 *it*에 해당하는 표현들을 말한다.

1) 기후 및 자연 현상

a. 본래부터 비인칭으로만 쓰이는 동사들

pleuvoir – Il pleut. 비오다
neiger   – Il neige. 눈오다
tonner   – Il tonne. 천둥치다
venter   – Il vente. 바람불다

b. faire 동사를 이용한 비인칭 표현 (프랑스어 특유의 관용어 표현)

Il fait beau. Il fait mauvais. 날씨가 좋다. 날씨가 나쁘다.

Il faisait chaud. Il faisait froid. 날씨가 더웠다. 날씨가 추웠다.

Il fera un temps orageux. 비바람이 몰아치는 날씨가 될 것이다.

＊orageux,euse 비바람이 몰아치는

Il avait fait un temps couvert. 흐린 날씨였었다.　＊couvert,e 흐린, 덮인

2) 시간

Il est midi. Il est minuit. 낮 12시이다. 밤 12시이다.
Il est une heure quinze. (= et quart) 1시 15분이다.
Il est trois heures trente. (= et demie) 3시 30분이다.
Il est neuf heures quarante-cinq. (= trois quarts) 9시 45분이다.
Il est tôt. Il est tard. 이르다. 늦다.

3) 거리와 때(시간)의 간격 – il y a (프랑스어 특유의 관용어 표현)

Il y a quatre kilomètres d'ici. 여기서부터 4 킬로미터 거리이다.
Il y a une semaine depuis lors. 그때부터 일주일 되었다.

Il y a un an qu'elle est partie. 그녀가 떠난 지 1년 되었다.
*il y a 시간 que ~ 한 지 ~ 되었다

il y a 구문은 이미 배운 대로 '~이 있다'라는 표현이외에도, 위와 같이 쓰이기도 하는 비인칭 표현이라는 것을 알아두자.

4) Il est 형용사 de 동사원형, Il est 형용사 que 주어 + 동사

영어의 비인칭 구문 It is ~ to, It is ~ that에 해당하는 구문이다.

Il est facile d'apprendre le français. 프랑스어를 배우는 것은 쉽다.
*Il est facile de ~하는 것은 쉽다

Il est sûr que tu réussiras. 네가 성공할 것이라는 것은 확실하다.
*Il est sûr que ~하는 것은 확실하다

5) Il faut 명사 – ~이 필요하다, Il faut 동사원형 – ~을 해야 한다

비인칭 동사로 쓰이며 동사원형은 falloir이다.

현재 Il faut, 복합과거 Il a fallu, 단순미래 Il faudra, 반과거 Il fallait

Il faut de la patience pour apprendre le français.
프랑스어를 배우기 위해서는 인내심이 필요하다.   *la patience 인내심

Il faut lire attentivement la consigne.
지시문을 주의 깊게 읽어봐야 한다.   *attentivement 주의 깊게   *la consigne 지시문

2. 전치사 (Prépositions)

프랑스어에도 다양한 종류의 전치사들이 있는데, 그 중에서도 가장 기본적인 전치사들의 주요 용법들만을 살펴보기로 한다.

1) à

a. 시간 : Elle commence son travail à neuf heures. 그녀는 9시에 일을 시작한다.

b. 장소 : Je vais à la boucherie. 나는 정육점에 간다.

c. 신체의 일부 : J'ai mal à la gorge. 나는 목구멍이 아프다.   *la gorge 목구멍

d. 수단, 방법, 양태 : Elle vient à pied. 그녀는 걸어서 온다.   *à pied 걸어서

e. 소유, 특징 : un café au lait 밀크 커피

f. 용도, 목적 : une salle à manger 식당

g. 소유, 소속 : Ce portefeuille est à moi. 이 지갑은 내 것이다.

2) de

a. 시간, 공간의 출발점 :

Elle s'est éloignée de moi sans une parole. 그녀는 한마디 말도 없이 나를 떠났다.
*s'éloigner 떠나다   *sans ~없이   *une parole 말

b. 원인 : Elle est morte de faim. 그녀는 굶어 죽었다.   *mourir de ~로 죽다

c. 방법, 양태 : Il marche d'un pas léger. 그는 가벼운 발걸음으로 걷는다.
*un pas 발걸음

d. 소유, 소속 : La voiture de Sophie est en panne. Sophie의 차가 고장났다.

e. 재료 : Il m'a donné une bague d'or. 그가 나에게 금반지 하나를 주었다.
*un or 금

f. 부분, 내용물 : J'ai bu un verre de vin. 나는 와인 한잔을 마셨다.   *un verre 잔

3) **dans**

a. 장소 : J'aime me baigner dans une baignoire. 나는 욕조 안에서 목욕하는 것을 좋아한다.

b. 시간 : Je vais arriver dans cinq minutes. 나는 5분 후에 도착할거야.

4) **en**

a. 장소 : Elle a vécu en Italie. 그녀는 이탈리아에서 살았다.

b. 시간 : Rome ne s'est pas construit en un jour.　＊se construire 건축되다
로마는 하루 만에 만들어지지 않았다. – en은 시간이 오면 '～만에'란 완료의 뜻을 나타낸다.

c. 재료 : La tour Eiffel est en fer. 에펠탑은 철로 되어있다.

d. 교통수단 : J'y suis arrivée en taxi. 나는 그곳에 택시로 도착했다.

e. 상태 : Nous sommes en vacances. 우리는 휴가 중이다.

5) 시간의 전치사

à ～에	avant ～전에	après ～후에	dans ～후에	de ～부터
jusqu'à ～까지	pendant ～동안	pour ～동안(예정)	depuis ～이래로	

Je vais en classe dix minutes après le déjeuner.
나는 점심식사 10분 후에 수업 받으러 간다.
Depuis mon enfance j'habite à Paris. 나는 어린 시절부터 빠리에서 살고 있다.
Je vais partir en France pour trois ans. 나는 3년 예정으로 프랑스에 간다.

6) 장소의 전치사

à ～에	chez ～집에	dans ～안에	vers ～쪽으로	de ～부터
devant ～앞에	derrière ～뒤에	sur ～위에	sous ～아래에	
à côté de ～바로 옆에		en face de ～의 맞은편에		
près de ～근처에		loin de ～멀리에		

Il y a une mairie devant l'église. 교회 앞에 시청(구청)이 있다.
J'habite en face de chez vous. 저는 당신의 집 맞은 편에 삽니다.
Il n'y a pas de cinéma près de chez moi. 너의 집 근처에는 극장이 없어.

제2부

초중급 집중 강독 & 핵심 문법

Mina et Jino sont deux jeunes gens

Mina et Jino sont deux jeunes gens. Mina est étudiante de français et Jino, son frère, travaille dans une usine de voitures françaises ; il est informaticien. Ils se sont préparés tous les deux à passer deux mois en France.

Dans un premier livre, nous avons raconté leur vie dans leur pays natal ; dans ce livre, nous parlerons de leurs vacances à Paris.

Les deux jeunes gens ont quitté l'aéroport ; ils sont montés dans le train ; nous les retrouvons maintenant près de Paris. Ils ne sont pas encore à Paris, ils y seront bientôt.

Mina regarde sa montre. Elle a faim. Elle se lève pour chercher quelque chose à manger dans sa valise. L'arrivée à Paris est prévue pour midi. Le train se trouve en ce moment à environ cinquante kilomètres de la capitale, il entre dans la banlieue parisienne, il va moins vite, il croise d'autres trains de plus en plus nombreux.

Mina est restée à sa place ; elle a continué à parler avec la vieille dame, sa voisine ; elle lui a parlé de ses parents, elle est un peu triste de les avoir quittés.

Jino - Quelle heure est-il?

Mina - Il est midi moins le quart ; nous sommes presque arrivés à Paris ; dans quelques minutes nous entrerons en gare ; M. Pascal sera-t-il sur le quai? Déjeunerons-nous avec lui? Il ne sera peut-être pas là. C'est possible ; alors, où irons-nous? Tu trouveras un restaurant.

Jino reste silencieux ; il continue à réfléchir près de la fenêtre, puis il crie à sa sœur :

Jino - Mina, regarde ces grosses lettres, là, sur le mur, P A R I S, c'est Paris. Nous sommes à Paris ; vite, prépare-toi ; je vais te donner tes bagages, je les ai placés ici ; ne porte pas cette valise, elle est trop grosse et trop lourde pour toi ; tu n'es pas assez forte ; je vais te la passer ; regarde sur le quai ; est-ce que M. Pascal est là?

핵심 문법

1. 어간 (Radical)과 어미 (Terminaison)

동사는 어간과 어미 두 부분으로 나눠진다.

1군 donner 동사의 경우, 어간은 donn이고 어미는 er가 된다.
2군 finir 동사의 경우, 어간은 fin이고 어미는 ir가 된다.

1군과 2군 동사들은 동사 변화에서 어간이 변하지 않는다. 그러나, 3군 불규칙 동사들은 시제, 법, 인칭에 따라 어간이 변하는 동사가 많으므로 주의를 해야 한다.

2. 직설법 단순미래 (Futur simple de l'indicatif)

모든 규칙 및 불규칙 동사들의 단순미래 어미는 **-ai, -as, -a, -ons, -ez, -ont** 이다.

parler – Je parler**ai**, Tu parler**as**, Il parler**a**, Nous parler**ons**, Vous parler**ez**, Ils parler**ont**
avoir – J'aur**ai**, Tu aur**as**, Il aur**a**, Nous aur**ons**, Vous aur**ez**, Ils aur**ont**
etre – Je ser**ai**, Tu ser**as**, Il ser**a**, Nous ser**ons**, Vous ser**ez**, Ils ser**ont**

3. 복합시제에서의 과거 분사 일치

조동사 être와 함께 쓰인 과거분사는 주어의 성과 수에 일치시킨다.
Elle est partie de Séoul. 그녀는 서울에서부터 떠났다.
Ils ne sont pas encore arrivés à Paris. 그들은 아직 빠리에 도착하지 않았다.

조동사 avoir와 함께 쓰인 과거분사는 주어에 일치하지 않는다.
Elle a commencé à travailler. 그녀가 일하기 시작했다.

그러나 직접목적보어가 조동사 avoir 보다 앞쪽으로 나간 경우에는, 그 직접목적보어의 성과 수에 과거분사를 일치시킨다.

Elle a emporté ses vêtements. 그녀는 자신의 옷들을 가져왔다.
→ **Elle les a emportés.** 그녀는 그것들을 가져왔다.

Quelle robe as-tu préparée? 너는 어떤 원피스를 준비했니?

본문 해설

* deux jeunes gens 두 명의 젊은 사람들

* étudiante de français 프랑스어과 여학생

* informaticien,ne 정보처리사, 컴퓨터 전문가

* se préparer à inf. ~할 준비를 하다

* tous les deux 둘이서

* raconter 이야기하다

* le pays natal 본국, 고국, 고향

* quitter (~를) 떠나다 – 타동사이므로 복합시제로 할 때 조동사는 avoir를 취한다.

* monter dans ~에 타다, 오르다

* retrouver 다시 만나다

* bientôt 곧

* avoir faim 배고프다

* quelque chose à inf. ~할 것

* prévu 예정된

* pour midi 정오로 – pour는 예정된 기간을 나타내는 전치사

* se trouver 있다 (= être)

* en ce moment 지금

* environ 약

* la capitale 수도

* la banlieue 교외

* croiser 교차하다

* de plus en plus 점점 더

* nombreux,se 수많은

* rester + 장소 : ~에 머무르다 – rester동사는 왕래발착 동사가 아닌데도 복합시제로 할 때 예외적으로 조동사 être를 취한다.

* être triste de inf. ~해서 슬프다

* ~ de les avoir quittés 그들을 떠나서 – quittés 뒤의 s는 직목대명사 les가 앞으로 나가서 일치한 것이다.

* Il est midi moins le quart 12시(정오) 15분 전이다.

* presque 거의

* dans quelques minutes 몇 분 후에

* en gare 역으로 (= dans la gare)

* sur le quai 플랫폼 위에

* Tu trouveras un restaurant 레스토랑을 찾아봐. – 주어가 Tu나 Vous 일 때의 단순미래는 보통 부드러운 명령을 나타낸다.

* rester + 형용사 ~한 채로 있다

* continue à(de) inf. ~하기를 계속하다

* réfléchir 곰곰이 생각하다

* prépare-toi 준비해 – Tu te prépares ☞ Prépare-toi

* je vais te donner tes bagages 내가 너에게 네 짐들을 줄게. – 근접미래 구문에서의 목적보어 대명사 위치는 aller동사와 동사원형 사이이다.

* je les ai placés ici 내가 그것들을 여기에다 두었어 – placés 뒤의 s는 직목대명사 les가 앞으로 나갔기 때문이다.

* assez 충분히

* fort 강한, 힘센

* je vais te la passer 내가 너에게 그것을 곧 건네줄게. – 간목대명사와 직목대명사가 함께 나올 경우에는 간목대명사를 먼저 쓴다. 단, lui와 leur만 직목대명사 뒤로 간다.
Je vais la lui passer. 내가 그것을 그(그녀)에게 곧 건네줄게.

L'Hôtel des Grands Hommes est un hôtel agréable

L'Hôtel des Grands Hommes est un hôtel agréable ; il se trouve près du jardin du Luxembourg, au milieu du quartier latin. C'est un hôtel calme et reposant ; peu de voitures passent sur la place du Panthéon ; le concierge de l'hôtel est vieux, il a les cheveux blancs ; il est très aimable. Son pas est lourd quand il marche ; quand il va montrer leurs chambres à Mina et à Jino, il monte les étages avec peine.

Leurs chambres sont au cinquième étage et Mina va vite à la fenêtre pour observer les toits des immeubles parisiens. Devant l'hôtel, un groupe d'enfants monte dans le ramassage scolaire. Jino séjourne dans la chambre voisine, il chante en faisant sa toilette.

Mina - Fais moins de bruit, lui crie sa sœur, tu gênes les voisins.

Jino se rase, et il continue à chanter, et s'arrête un moment pour demander.

Jino - Où irons-nous ce soir?

Mina - Je suis fatiguée, il y a un très bon fauteuil dans ma chambre ; j'ai envie de m'y reposer et de ne rien faire après le dîner.

Un peu plus tard, le concierge entre dans la chambre de Jino. Il parle lentement et prend soin de bien articuler.

Le concierge - Monsieur, quand vous êtes arrivés tout à l'heure, j'ai oublié de vous faire remplir les fiches d'inscription. Il suffit d'inscrire votre nom et votre numéro de passeport. Et votre sœur aussi.

Jino - Ah, merci, monsieur, je les poserai à la réception en allant dîner.

Jino cherche son stylo mais il ne le trouve pas.

Jino - Mina, prête-moi ton stylo.

Mina - Ah, non, cherche mieux. C'est agaçant, tu as toujours besoin des affaires des autres. Je ne te prêterai pas mon stylo. D'ailleurs, je ne le prête jamais à personne.

핵심 문법

1. 단축관사 (Articles contractés)

전치사 de와 함께 쓰인 정관사 le, les는 다음과 같이 단축해서 쓴다.

de le ☞ du : La place du Panthéon 빵떼옹 광장
de les ☞ des : L'hôtel des Grands Hommes 그랑좀 호텔
　　　　　　　Les toits des maisons 건물들의 지붕

de la는 단축하지 않는다.

L'hôtel de la Gare 갸르 호텔

그러나 de le와 de la 다음에 모음이나 무음 h로 시작하는 단어가 오면 de l'로 단축한다.

le toit de l'église 교회의 지붕
le concierge de l'hôtel 호텔의 수위

2. 악쌍 (Accents)

l'accent aigu : é – 폐음을 나타낸다 [e] bébé, blé, été, général,
l'accent grave : è, à, ù – 개음을 나타낸다. [ɛ] j'achète, père, première, siècle
l'accent circonflexe : â, ê, î, ô, û – pâte, forêt[ɛ 개음], il connaît, hôpital, mûr

3. 묵음자 (Lettres muettes)

J'achète에서처럼 끝에 있는 e는 묵음자이므로 소리가 나지 않는다.
homme, hôtel, habiter에서처럼 프랑스어에서 h는 묵음이므로 소리가 나지 않는다.

1군 동사 현재 어미들인 e, es, e, ent는 묵음이므로 소리가 나지 않는다.

4. acheter(사다) 동사 – 부록 참조

1군 동사 변화에서 주의해야 할 표음정서법(Remarques de phonétique et d'orthographe)

끝에서 두 번째의 e는 다음 음절이 묵음일 때 accent grave를 찍어 준다.

acheter – J'achete(×) ☞ J'achète(○)

Verbe acheter - Mode indicatif

Présent	**Passé composé**	**Futur**
J'achète	J'ai acheté	J'achèterai
Tu achètes	Tu as acheté	Tu achèteras
Il achète	Il a acheté	Il achètera
Nous achetons	Nous avons acheté	Nous achèterons
Vous achetez	Vous avez acheté	Vous achèterez
Ils achètent	Ils ont acheté	Ils achèteront

본문 해설

＊agréable 쾌적한, 마음에 드는

＊au milieu du quartier latin 라땡가 한 가운데에

＊reposant 휴식을 주는, 아늑한

＊peu de 거의 ～이 아니다 (부정으로 번역한다)

＊le pas 걸음, 발소리

＊lourd 무거운

＊un étage 층, 단계

＊avec peine 힘겹게 – avec 다음에 무관사 추상명사가 오면 부사인 것처럼 번역된다.

＊observer 관찰하다, 지켜보다

＊un immeuble 빌딩, 건물, 아파트

＊un groupe de 한 무리의

＊le ramassage scolaire 스쿨버스

＊séjourner 체류하다, 머무르다

＊en faisant sa toilette 세수하면서 – 제롱디프 구문 (= en + 현재분사 : ～하면서)

＊Fais moins de bruit 조용히 해

＊, lui crie sa sœur, 라고 그의 여동생이 그에게 소리친다 – 삽입구는 주어, 동사를 도치하고 앞뒤에 (,)를 찍어 준다.

＊gêner 방해하다

＊les voisins 이웃 사람들

＊se raser 면도하다

＊s'arrêter 멈추다

＊un moment 잠시

＊avoir envie de inf. ～하고 싶다

＊se reposer 쉬다

＊de ne rien faire 아무것도 안하다 – 동사원형을 부정할 때는 부정을 나타내는 표현들을 동사원형 바로 앞에 놓는다.

   cf) Je ne fais rien. 나는 아무것도 안한다.

＊Un peu plus tard 얼마 후, 잠시 후

＊lentement 천천히

＊prendre soin de inf. ～하는데 신경을 쓰다

＊articuler 분명히 발음하다

＊tout à l'heure 조금 전에, 조금 후에

＊oublier de inf. ~하는 것을 잊다

＊de vous faire remplir 당신에게 필요사항을 쓰도록 할 것을 – faire inf.는 사역동사 구문으로 '~에게 ~하도록 시키다'란 뜻이며 이 구문에서는 예문에서처럼 대명사가 반드시 faire 동사 앞으로 나가야 한다.

＊remplir 필요사항을 써넣다, 기입하다, 채우다

＊les fiches d'inscription 숙박계, 등록 서류

＊Il suffit de inf. (비인칭) ~ 하는 것으로 충분하다

＊inscrire 기입하다

＊poser 놓다

＊la réception 프런트, 접수처

＊en allant dîner 저녁 식사하러 가면서

＊prêter 빌려주다

＊mieux 더 잘 (bien의 비교급)

＊agaçant 짜증나게 하는

＊avoir besoin de ~을 필요로 하다

＊les affaires des autres 다른 사람들의 소지품

＊D'ailleurs 게다가, 더구나

＊ne ~ jamais 결코 ~이 아니다

＊ne ~ personne 어느 누구도 ~ 아니다

Mina se repose dans un fauteuil

Mina se repose dans un fauteuil devant la fenêtre grande ouverte. Elle regarde sa nouvelle chambre et elle se souvient de son premier voyage à la ville, il y a déjà longtemps. Elle était encore très petite ; elle se trouvait avec ses parents dans un grand hôtel.

Il se nommait l'Hôtel du Cheval Blanc. C'était un hôtel simple et confortable, mais il n'était pas vraiment calme. Il se trouvait au centre-ville, et la rue était très passagère avec beaucoup de voitures et de nombreux passants parlaient fort et parfois même criaient. Dans son souvenir c'était une ville très bruyante.

Au centre de l'hôtel s'élevait un grand escalier en bois. Il y avait un va-et-vient permanent de voyageurs. Ils continuaient à entrer et sortir. Certains portaient de lourdes valises et prenaient l'ascenseur, d'autres montaient à pied par l'escalier. On entendait le claquement des portes de chambre. Elles se fermaient violemment.

La petite Mina avait un peu peur à cause de tout ce bruit, mais, par la fenêtre, elle regardait les boutiques de la rue, à cause des jolies lumières. La chambre des parents de Mina était au premier étage, elle était grande et il y avait trois lits.

Le concierge de cet hôtel-là n'était ni vieux, ni triste, ni faible, au contraire, c'était un jeune maigrichon, plutôt laid mais il semblait très fort. Il avait les cheveux très bruns, et marchait vite d'un pas léger, il était très vif. Mais il n'était ni aimable, ni agréable.

Mina aime se plonger dans ses souvenirs d'enfance ; elle n'est plus une petite fille maintenant. Ni les concierges ni les bruits de la grande ville ne la gênent et elle n'a plus peur.

핵심 문법

1 직설법 반과거 (Imparfait du mode indicatif) : 과거에 대한 묘사 표현은 복합과거가 아니고 반과거로 해야 한다.

* 현재의 인물 묘사는 직설법 현재 시제로 표현한다.
* 과거의 인물 묘사는 직설법 반과거 시제로 표현한다.

– La description de Mina 미나에 대한 묘사

Au présent : le temps présent 현재 묘사 : 현재
Mina est une jeune fille. Elle a presque vingt ans. Elle est heureuse d'être à Paris. Elle n'a pas peur de la grande ville. 미나는 소녀이다. 그녀는 거의 스무 살이다. 그녀는 빠리에 있는 것이 행복하다. 그녀는 대도시에 대해서 두려워하지 않는다.

Au passé : le temps imparfait 과거 묘사 : 반과거
Il y a dix ans, Mina était une jeune fille. Elle avait presque dix ans. Elle avait peur du bruit et de la grande ville. 십 년 전에 미나는 소녀였다. 그녀는 거의 열 살이었다. 그녀는 소음과 대도시에 대해서 두려워했었다.

– La description de l'hôtel 호텔에 대한 묘사

Au présent : le temps présent 현재 묘사 : 현재
L'hôtel des Grands Hommes est un hôtel agréable et bien situé. Il se trouve au milieu du quartier latin. C'est un hôtel calme et reposant car peu de voitures passent sur la place du Panthéon. 그랑좀 호텔은 쾌적하고 위치가 매우 좋은 호텔이다. 그것은 라땡가 한가운데에 있다. 빵떼옹 광장 위로 자동차들이 거의 지나다니지 않기 때문에 그것은 조용하고 피곤을 풀어주는 호텔이다.

Au passé : le temps imparfait 과거 묘사 : 반과거
L'hôtel du Cheval Blanc était simple et confortable mais il n'était pas calme. Il se trouvait au centre-ville et de nombreuses voitures passaient dans la rue. 슈발블랑 호텔은 수수하고 안락했지만 조용하지 않았다. 그것은 시내 중심부에 있었고, 길에는 수많은 자동차들이 다니고 있었다.

2. 직설법 반과거 1군 규칙 동사변화

직설법 현재 1인칭 복수 어간 + **-ais, -ais, -ait, -ions, -iez, -aient**

J'ador**ais**	Nous commenc**ions**
Tu parl**ais**	Vous cri**iez**
Il mont**rait**	Ils pleur**aient**

3. 3군 불규칙 être 동사 반과거 변화 : 어간이 변한다.

J'étais	Nous étions
Tu étais	Vous étiez
Il était	Ils étaient

4. 부정 표현 – ne 동사 ni ~ ni ~ / ni ~ ni ~ ne 동사 : ~도 ~도 아니다(이중부정)

긍정문 Phrase affirmaive : Mina était petite alors, le concierge agité et les bruits du dehors la gênaient.

부정문 Phrase négative : Mina est grande maintenant, ni les concierges, ni les bruits de la grande ville
ne la gênent.

＊un fauteuil (1인용) 소파

＊se nommer 불리다

＊au centre-ville 시내에

＊passager,ère 통행이 잦은

＊de nombreux passants 수많은 행인들

＊fort 강하게, 크게

＊parfois 때때로

＊même 심지어 ～조차

＊crier 소리치다

＊le souvenir 추억, 기억

＊bruyant 시끄러운

＊Au centre de l'hôtel s'élevait un grand escalier 호텔의 중앙에 큰 계단이 들어서 있었다 – 전치사구(상황
  보어)가 문장 앞에 오면 주어, 동사를 도치하는 것이 더 세련된 표현이다.

＊s'élever 들어서 있다

＊en bois 나무로 되어 있는 – 전치사 en은 재료를 나타낸다.

＊un va-et-vient 왕복

＊permanent 지속적인, 끊임없는

＊Certains ～ d'autres ～ 어떤 사람들은 ～하고 다른 사람들은 ～하다

＊à pied 걸어서, 도보로

＊par l'escalier 계단으로 – par는 교통수단의 전치사

＊le claquement (삐걱, 쾅, 따위의) 소리

＊se fermer 닫히다 (수동적 대명동사)

＊violemment 맹렬하게, 세차게

＊avoir peur 겁내다, 걱정하다

＊à cause de ～ 때문에

＊cet hôtel-là 그때 그 호텔 – là는 과거를 나타낸다

＊ne ～ ni ～, ni ～, ni ～ ～도 ～도 ～도 아니다

＊faible 약한

＊au contraire 반대로

＊un maigrichon 야윈사람, 마른사람

＊plutôt 매우, 오히려

＊laid 추한, 못생긴 (= moche)

＊sembler ~처럼 보이다

＊les cheveux très bruns 매우 검은 머리카락 색

＊d'un pas léger 가벼운 걸음으로 – 전치사 de는 부대 상황을 나타내기도 한다

＊vif,ve 생기있는, 민첩한

＊aimable 상냥한, 친절한

＊se plonger dans ~에 몰두하다, 몰입하다

＊les souvenirs d'enfance 어린 시절의 추억

＊ne ~ plus 더 이상 ~이 아니다

Nous avons fait un très bon voyage

Paris, le 15 juin

Ma chère Maman, mon cher Papa,

Nous avons fait un très bon voyage. A midi, quand nous sommes arrivés à la gare de Châtelet-Les Halles, Mme Pascal nous attendait sur le quai.

Jino s'est occupé des bagages, puis nous sommes allés devant la gare pour prendre un taxi. Le taxi nous a arrêtés devant une maison moderne près du bois de Vincennes, et nous avons pris l'ascenseur pour monter au huitième étage.

Quand nous sommes entrés dans l'appartement, M. Pascal lisait le journal. Il nous a serré la main, puis nous sommes allés dans la salle à manger et nous avons commencé à déjeuner avec plaisir car nous avions faim.

Le repas était délicieux. Il faisait beau et le soleil entrait par la fenêtre ouverte.

Après le café, M. Pascal est retourné dans son bureau car il avait beaucoup de travail. J'ai aidé Mme Pascal à faire la vaisselle et pendant ce temps, Jino a étudié le plan de Paris. Il a cherché la gare de Châtelet-Les Halles, le bois de Vincennes, la Seine et le Panthéon.

Ensuite, Mme Pascal a téléphoné pour appeler un taxi. Nous avons donné le nom de notre hôtel au chauffeur et il a commencé à nous parler : ≪C'est un très bon petit hôtel. Vous verrez, vous y serez bien. En plus, c'est le quartier de la jeunesse.≫

Et il a continué sur les monuments incontournables de Paris.

Quand le taxi s'est arrêté devant notre hôtel, j'étais un peu fatiguée mais j'étais très heureuse d'être à Paris et d'avoir parlé français.

Ne vous en faites pas pour nous, tout va bien.

Bises.

Mina

핵심 문법

1. 복합과거와 반과거

복합과거는 과거의 다른 행동이 연속적으로 일어나는 경우에 쓰인다.

J'ai traversé la frontière, puis je suis arrivée à la gare, puis je me suis occupée des bagages, puis j'ai cherché un chariot. 나는 국경을 지나서 역에 도착해서 짐을 챙기고는 카트를 찾았다.

반과거는 같은 행위의 반복이나 과거진행을 나타낸다.

Elle se trouvait sur le quai de la gare, un peu avant, pendant, et un peu après l'arrivée du train. 그녀는 열차가 도착하기 얼마 전, 열차가 도착하는 동안, 열차가 도착한 후 얼마 동안 계속해서 역의 플랫폼 위에 있었다.

Le moment est défini ou précis	**La durée est indéfini ou imprécise**
(명확한 또는 정확한 순간)	(불명확한 또는 정확하지 않은 기간)
Quand nous sommes arrivés…	Il se trouvait sur le quai.
Quand nous sommes entrés…	elle regardait la télé.
Nous avons déjeuné…	car nous avions faim.

2. 직설법 반과거 동사 변화

규칙 동사이건 불규칙 동사이건 1인칭 복수에서 어간을 따오고, 어미는 모두 **ais**, **ais**, **ait**, **ions**, **iez**, **aient**이다.

aimer – nous **aim**ons   → J'aim**ais**, Tu …
avoir – nous **av**ons   → J'av**ais**, Tu …
aller – nous **all**ons   → J'all**ais**, Tu …
faire – nous **fais**ons   → J'fais**ais**, Tu …

> **주의** être 동사는 불규칙으로 J'étais로 한다.

3. faire(하다, 만들다) 동사

Présent

Je fais	Nous faisons
Tu fais	Vous faites
Il fait	Ils font

Passé composé

J'ai fait	Nous avons fait
Tu as fait	Vous avez fait
Il a fait	Ils ont fait

Imparfait(nous faisons)

Je faisais	Nous faisions
Tu faisais	Vous faisiez
Il faisait	Ils faisaient

Futur(irrégulier)

Je ferai	Nous ferons
Tu feras	Vous ferez
Il fera	Ils feront

주의 반과거 어간 fai-는 [fə-]로 발음한다.

* cher,ère 사랑하는, 친애하는

* le 15 juin 날짜 앞에는 정관사 le를 쓰고 매월 초하루만 서수 premier를 쓴다 – le premier juin 6월 1일

* 반과거는 과거진행을 나타낸다.

    Mme Pascal nous attendait sur le quai 빠스깔 부인이 플랫폼 위에서 우리를 (쭈~욱 계속해서)기다리고 있었다.

* 과거의 다른 행동이 연속적으로 나오면 모두 복합과거로 한다.

    Jino s'est occupé des bagages, puis nous sommes allés devant la gare pour prendre un taxi. Le taxi nous a arrêtés devant une maison moderne près du bois de Vincennes, et nous avons pris l'ascenseur pour monter au huitième étage.

    지노는 짐들을 챙겼고, 우리는 택시를 잡기 위하여 역 앞으로 갔다. 택시는 뱅쎈 숲 근처의 현대식 건물 앞에 우리를 멈춰 서게 했고 우리는 9층으로 올라가기 위해서 엘리베이터를 탔다.

* 반과거는 과거진행을 나타낸다.

    Quand nous sommes entrés dans l'appartement, M. Pascal lisait le journal.

    우리가 아파트 안으로 들어갔을 때, 빠스깔씨는 신문을 읽고 있었다. – 반과거의 과거진행 용법 구문

* Il nous a serré la main. 그는 우리와 악수를 했다. – serrer la main à qn ~와 악수하다

* avec plaisir 즐겁게, 기꺼이

* 반과거는 과거묘사를 나타낸다.

    Le repas était délicieux. Il faisait beau et le soleil entrait par la fenêtre ouverte.

    식사는 맛있었다. 날씨는 좋았고, 햇빛이 열려진 창문을 통해서 들어오고 있었다.

* retourner 되돌아가다 – 자동사로 쓰이면 조동사로 être를 취한다.

* aider qn à inf. ~가 ~하는 것을 돕다

* faire la vaisselle 설거지하다

* commencer à inf. ~하기 시작하다

* Vous verrez 당신도 알게 되겠지만

* vous y serez bien 당신은 그곳에서 잘 지낼 것입니다

* En plus 게다가, 더군다나

* le quartier de la jeunesse 젊음의 구역

* sur les monuments incontournables 반드시 거론해야 할 기념물들에 대해서

    – incontournable 반드시 해야 할, 고려하지 않을 수 없는

* être heureux,se de inf. ~해서 행복하다

* ∼ d'avoir parlé français 프랑스어를 말했던 것에 대해서

  – 부정법 과거(조동사의 원형 + 과거분사) 구문 : 전치사 다음에는 동사원형을 써야 하므로 부정법 과거 구문으로 썼다.

* Ne vous en faites pas pour nous 우리 걱정은 하지 마세요 – s'en faire 근심하다, 걱정하다

* Bises. 안녕 – 친한 사이끼리의 편지 맺음말

Leçon 5

Quand M. et Mme Pascal sont arrivés en voiture

Quand M. et Mme Pascal sont arrivés en voiture, vers huit heures du soir, à l'hôtel des Grands-Hommes, Mina et Jino étaient déjà prêts.

M. Pascal - Marchons un peu.

Sur les trottoirs du Boulevard Saint-Michel, il y avait beaucoup de monde, des gens d'origine très différente.

Mina et Jino ne disaient rien, mais ils regardaient avec attention, tout était nouveau pour eux. Ils s'arrêtaient devant presque tous les cafés. De nombreuses petites tables et chaises de couleurs gaies étaient disposées sur les terrasses. Des femmes et des hommes s'y reposaient en regardant la foule passer.

M. Pascal - Il fait chaud, arrêtons-nous à la terrasse de ce café. Vous n'avez pas soif?

Mme Pascal - Oh si! C'est une bonne idée, car moi, j'ai très soif.

M. Pascal a fait signe au garçon de café et lui a commandé plusieurs boissons.

Le serveur a apporté quatre grands verres et plusieurs petites bouteilles. Mme Pascal et Mina ont pris des jus d'orange. M. Pascal et Jino ont pris chacun une bière. Mina a trouvé le jus d'orange très bon alors que Jino n'a pas du tout apprécié sa bière, mais il ne l'a pas dit. Puis M. Pascal a demandé au garçon :

M. Pascal - Je vous dois combien, s'il vous plaît?

Le garçon - Deux jus d'orange, deux bières, cela fait dix-huit euros, Monsieur.

M. Pascal a tendu un billet de vingt euros et lui a dit :

M. Pascal - Gardez la monnaie, c'est votre pourboire.

Le serveur semblait satisfait et a remercié M. Pascal. Il leur a souhaité une bonne soirée. Les quatre amis se sont levés, Mina et Jino les ont remerciés pour ce rafraîchissement, et ils ont continué leur première promenade nocturne dans les rues de Paris, jusqu'aux quais de la Seine.

핵심 문법

1. 단축관사 (Les articles contractes) : au, aux

전치사 à와 함께 쓰인 정관사 le, les는 다음과 같이 단축해서 쓴다.

à le ☞ au : Il a fait signe au garçon. 그는 종업원에게 손짓했다.
à les ☞ aux : Ils sont allés jusqu'aux quais. 그들은 강변까지 갔다.
Vous avez parlé aux étudiantes. 당신은 여학생들에게 말했다.

à la는 단축하지 않는다.

Ils ont marché jusqu'à la Seine. 그들은 세느강까지 걸어갔다.

그러나 à le와 à la는 다음에 모음이나 무음 h로 시작하는 단어가 오면 à l'로 단축한다.

Ils sont allés jusqu'à l'hôtel. 그들은 호텔까지 갔다.

2. 부정에 대한 긍정 si

긍정으로 물어볼 때의 대답은 Oui 아니면 Non 이다.

Vous avez soif? – Oui, j'ai soif.
Vous avez soif? – Non, je n'ai pas soif.

부정으로 물어볼 때 긍정의 대답은 Si이고, 질문과 똑같이 부정으로 답하면 Non으로 한다.

Vous n'avez pas soif? – Si, j'ai soif.
Vous n'avez pas soif? – Non, je n'ai pas soif.

3. **dire(말하다) 동사**

Présent

Je dis	Nous disons
Tu dis	Vous dites
Il dit	Ils disent

Passé composé

J'ai dit	Nous avons dit
Tu as dit	Vous avez dit
Il a dit	Ils ont dit

Imparfait(nous disons)

Je disais	Nous disions
Tu disais	Vous disiez
Il disait	Ils disaient

Futur(Infinitif dire)

Je dirai	Nous dirons
Tu diras	Vous direz
Il dira	Ils diront

주의 dire – Vous di**tes**   être – Vous ê**tes**   faire – Vous fai**tes**

* en voiture 자동차로 – en은 교통수단의 전치사

* vers huit heures du soir 저녁 8시 경에 – vers + 시간 : ~경에, vers + 장소 : ~를 향하여

* déjà 이미

* prêt 준비된

* le trottoir 보도, 인도

* le boulevard 큰길, 대로

* des gens d'origine très différente 매우 다른 국적의 사람들 – une origine 국적, 출신, 혈통, 태생

* avec attention 주의 깊게

* nouveau, nouvelle 새로운

* Ils s'arrêtaient devant presque tous les cafés. 그들은 거의 모든 까페에서 멈춰서곤 했다.
  – presque 거의

* nombreux,se 수많은

* ~ de couleurs gaies 밝은 색깔의

* disposé 배열된, 배치된

* se reposer 쉬다

* en regardant la foule passer 군중이 지나가는 것을 보면서

* faire signe à qn ~에게 사인을 보내다, 손짓하다

* commander 주문하다

* plusieurs 몇몇의

* une boisson 음료, 주류

* le serveur, la serveuse 종업원

* apporter 가져오다

* le verre 잔, 컵, 유리

* la bouteille 병, 술병

* un jus d'orange 오렌지 주스 한잔

* chacun 각자, 각각

* Mina a trouvé le jus d'orange très bon 미나는 오렌지 주스를 매우 맛있다고 생각했다.

* alors que 반면에, ~인데, ~할 때

* ne ~ pas du tout 전혀 ~이 아니다

* apprécier 인정하다, 높이 평가하다

* mais il ne l'a pas dit 그러나 그는 그것을 말하지 않았다 – le는 중성대명사로 앞 문장을 다 받는다

* Je vous dois combien, s'il vous plait? 얼마 드려야 하나요?

    – devoir 동사는 뒤에 동사원형이 안 오면 '빚지고 있다'란 뜻이다.

* cela fait + 가격 : 값이 ~이다

* tendre 내밀다

* un billet 지폐, 표

* la monnaie 잔돈, 거스름돈

* Gardez la monnaie 잔돈은 가지세요

* le pourboire 팁

* sembler ~처럼 보이다

* satisfait 만족한

* remercier ~(에게) 감사하다 – 간접목적어로 번역이 되지만 항상 직접목적보어를 취한다.

* souhaiter 바라다, 원하다

* le rafraîchissement 시원한 음료, 다과류

* nocturne 밤의, 야간의 – nuit의 형용사형

En regardant les vitrines illuminées

En regardant les vitrines illuminées, Jino a dit :

Jino - Il y a beaucoup de boutiques sur ce boulevard, n'est-ce pas?

Mme Pascal - Oui, bien sûr. Il y a aussi beaucoup d'étudiants. Ils fréquentent le quartier latin. Les commerçants leur vendent des livres et des vêtements. La vie de ce quartier est très dynamique.

Mina - C'est très gai, tous ces étalages et toutes ces boutiques de robes, de T-shirt, de jeans, de chaussures, de sacs, et tous ces cafés aussi. Mais je pensais ne trouver ici que des boutiques de livres.

Mme Pascal - On ne dit pas des boutiques de livres, Mina, mais on dit des librairies. Regardez ici et là, et là encore ; elles ne manquent pas non plus. Les étudiants s'amusent, mais ils travaillent aussi.

Mina – Hier, cette boutique était fermée.

Mme Pascal - Oui, c'était lundi. Beaucoup de boutiques n'ouvrent pas le lundi et le dimanche. Bon nombre de commerçants se reposent.

Jino - A côté du Boulevard Saint-Michel, il y a beaucoup de très vieilles petites rues. Hier matin je m'y suis perdu.

Mina - Oui, et tu as aussi perdu ton stylo. Tu ne t'occupes pas de moi et tu ne t'occupes pas de tes affaires non plus. Hier, quand tu t'es perdu, j'étais inquiète, je t'ai attendu longtemps. Comme tu ne venais pas, je me suis habillée et je suis descendue dans la rue. J'ai regardé sur la place du Panthéon mais tu n'y étais pas. Je me suis vraiment fait du souci pour toi. La prochaine fois, tu me préviendras avant de partir.

Mme Pascal a dit avec un sourire.

Mme Pascal – Vous ne lui avez pas défendu de se promener sans vous, j'imagine.

Mina – Oh non, Jino aime trop sa liberté. Je le veux toujours, mais je n'y arrive pas.

핵심 문법

1. aussi의 부정형 non plus

긍정문 aussi

Il y a beaucoup de librairies et il y a beaucoup d'autres boutiques aussi.

많은 서점들이 있고, 역시 많은 다른 상점들도 있다.

Mina se promène et Jino aussi.

미나는 산책하고 있고, 지노도 역시 산책하고 있다.

부정문 non plus

Les librairies ne manquent pas et les autres boutiques non plus.

서점들은 부족하지 않고, 다른 상점들도 역시 부족하지 않다.

Tu ne te promènes pas et ton ami non plus.

너는 산책하지 않고 있고, 너의 친구도 역시 산책하고 있지 않다.

2. 장소를 대신해서 받는 중성대명사 y

Je suis là. ☞ J'y suis. 나는 거기에 있다.
Elle va à Lyon. ☞ Elle y va. 그녀가 그곳에 간다.
Ils n'étaient pas sur la place. ☞ Ils n'y étaient pas. 그들은 그곳에 없었다.

3. répondre(대답하다) 동사 – 부록 참조

3군 불규칙 동사의 직설법 현재형 어미는 거의 모두 다음 형태를 취한다.

–s   –ons
–s   –ez
–t(–d)   –ent

위의 형태를 취하지 않는 3군 동사들은 완전 불규칙 동사 계열에 속한다.
– aller, être 등

* les vitrines illuminées 환하게 빛나는 진열창들

* fréquenter 자주 드나들다

* le commerçant 상인

* vendre 팔다

* le vêtement 옷, 의류

* dynamique 활동적인, 역동적인

* gai 활기에 찬, 즐거운, 밝은

* un étalage 진열대, 쇼윈도

* le jean 청바지

* les chaussures 신발, 구두

* ne ~ que 단지 ~만

* la librairie 서점

* ne ~ pas non plus 역시 ~이 아니다 – aussi의 부정 구문

* manquer 부족하다

* s'amuser 놀다, 즐기다

* fermé 닫힌

* Bon nombre de 수많은 ~ (= beaucoup de)

* se perdre 길을 잃다

* perdre 잃어버리다

* s'occuper de ~을 돌보다, 보살피다

* les affaires 소지품

* inquiet,ète 불안한, 초조한

* comme ~이기 때문에, ~할 때, ~처럼

* s'habiller 옷을 차려입다, 정장하다

* se faire du souci pour qn ~에 대해 걱정하다

* la prochaine fois 다음 번에

* prévenir 알리다

* avant de partir 떠나기 전에 – avant 다음에 동사원형이 오면 de를 쓴다

* un sourire 미소

* défendre à qn de inf. ~에게 ~할 것을 금하다

* j'imagine 내가 볼 때, 내 생각에

* la liberté 자유

* Je le veux toujours 나는 항상 그러기를 바란다 – le는 중성대명사로 앞 문장 내용을 받고 있다.

* je n'y arrive pas 나는 그러지를 못한다

    – y는 중성대명사로 앞의 내용을 받고 있다 : arriver à inf. ~ 할 수 있다, à inf.를 y로 받은 문장이다. 이와 같이 중성대명사 y와 함께 부정문의 형태로 많이 쓰이는 표현이니 외워두는 것이 좋다.

Les quatre amis ont marché jusqu'à la Seine

Les quatre amis ont marché jusqu'à la Seine. Il faisait nuit, il n'y avait presque pas de lumières. Les rues étaient sombres, la Seine était noire mais la cathédrale de Paris, Notre-Dame, était éclairée. Il n'y avait personne, tout était silencieux. Alors M. Pascal a commencé à leur expliquer :

M. Pascal - Les Parisiens d'autrefois quand ils voyageaient s'en allaient soit par ce fleuve, soit par cette route. Nous sommes ici au cœur de Paris, dans l'île de la Cité. Ici, il y a plus de deux mille ans, Paris est né. Les premiers rois de France avaient leur palais dans cette île. Il n'y a plus de rois en France, mais tout ici parle de passé.

Mme Pascal a continué en disant :

Mme Pascal - Demain, vous visiterez la cathédrale et vous monterez dans les tours. La vue y est très belle. Quand il fait beau, on voit tous les monuments de la ville et tous les ponts sur la Seine.

Curieux, Jino a demandé :

Jino - Est-ce que les rois de France sont enterrés à Notre-Dame?

Mme Pascal - Non. Ils sont enterrés à Saint-Denis, près de Paris.

Jino - Mais pourquoi ne sont-ils pas enterrés à Notre-Dame? Est-ce que nous verrons Saint-Denis? Est-ce que c'est loin? Oh! Mais j'ai vu le nom de Saint-Denis quand je regardais par la fenêtre du train avant d'arriver à Paris. N'y a-t-il pas beaucoup d'usines? Mais ce n'est pas possible! Comment est-ce qu'on a pu enterrer les rois de France au milieu des usines?

Mme Pascal - Que de questions, Jino! Faites donc comme Mina. Elle, au moins, profite du silence.

Mina ne parlait pas car elle pensait à un fort triste poème, un poème d'amour.

핵심 문법

1. 상황보어 (Compléments circonstanciels)

상황보어는 영어의 부사구(전치사구, 전명구)처럼 문장의 기본 골격 요소인 주어, 목적어, 보어를 제외한 나머지의 것들을 말한다. 주로 전치사와 함께 상황보어를 이룬다. 자주 나오는 상황보어의 종류로는 다음과 같은 것들이 있다.

a. 장소의 상황보어(**Lieu**)

Vous monterez dans les tours. 탑에 올라가 보세요.

b. 시간의 상황보어(**Temps**)

Le train est arrivé à midi. 열차는 정오에 도착했다.

c. 수단, 방법의 상황 보어(**Manière**)

Le concierge monte les étages avec peine. 관리인이 층들을 힘겹게 올라가고 있다.

d. 원인, 이유의 상황보어(**Cause**)

Je m'en irai à cause de toi. 나는 너 때문에 (이 자리를) 떠날 거야.

> **주의** 상황보어는 주로 전치사 sur, à, près de, vers, à cause de 등과 함께 이루어지는데 전치사 없이 상황보어를 만드는 경우도 많다.

J'arriverai ce soir. 나는 오늘 저녁에 도착할거야.
J'habite rue des Ecoles. 나는 에꼴가에 산다.

2. s'en aller(가버리다, 떠나다) 동사 : 어떤 사람이나 장소를 떠날 경우에 쓰인다.

직설법 현재 – Je m'en vais, Tu t'en vas, Il s'en va,
　　　　　　　Nous nous en allons, Vous vous en allez, Ils s'en vont

명령법 – Va-t-en (= Va-t'en)! 가!
　　　　　Allons-nous-en! 갑시다!
　　　　　Allez-vous-en! 가세요!

3. voir(보다) 동사 – 부록 참조

본문 해설

* sombre 어두운

* les Parisiens d'autrefois 옛날의 빠리 사람들

* s'en aller 가버리다, (어떤 장소나 사람을) 떠나다

* soit ~ , soit ~ ~이건 ~이건

* par ce fleuve 이 강을 통해서

* au cœur de ~의 중심부에

* l'île de la Cité 씨떼 섬 – 빠리 세느강 안에 있는 섬

* il y a plus de deux mille ans 2천년 이상 전에

* les premiers rois de France 초기의 프랑스 왕들

* le palais 궁전

* Il n'y a plus de rois en France 이제 프랑스에는 더 이상 왕이 없다.

    – ne ~ plus 더 이상 ~이 아니다

* en disant 말하면서

* Demain, vous visiterez la cathédrale et vous monterez dans les tours.
    내일 성당을 방문해서 탑에 올라가 보세요. – 단순미래를 이용한 가벼운 명령 구문

* la vue 전망, 조망

* enterré 묻혀있는, 매장된 – enterrer 묻다, 매장하다

* au milieu des usines 공장 한가운데에

* Que de + 무관사명사! (감탄문) 얼마나 많은 ~ 인지!

* Faites donc comme Mina. 미나 처럼 좀 해보세요.

    – 명령법에 donc을 쓰면 강조가 된다.

* au moins 적어도

* profiter de ~을 이용하다

* le silence 침묵

* un fort triste poème 매우 슬픈 시 – fort는 형용사나 부사 앞에서는 '매우'란 부사의 뜻으로 쓰인다.

    cf) homme fort 힘센 사람

* Sous le pont Mirabeau coule la Seine 미라보 다리 아래로 세느강이 흐른다.

    – 상황보어(전치사구)가 문장 앞에 오면 주어와 동사를 도치하는 것이 더 세련된 표현이 된다.

* L'amour s'en va comme cette eau courante 사랑은 흐르는 물 처럼 가버린다 – courant 흐르는

Leçon 8

En ce moment, Jino est assis à la terrasse d'un café

En ce moment, Jino est assis à la terrasse d'un café de Montparnasse. Il a commandé un demi, Il a déplié sur la table un plan de Paris. Mina le lui a acheté. Il essaye de se repérer facilement dans cette ville.

Que de rues il y a dans Paris! Il doit être impossible de se souvenir des noms de toutes ces rues.

Chacun des vingt arrondissements de la ville a une couleur différente sur le plan. Dans quel arrondissement Jino se trouve-t-il maintenant? Il y cherche son café.

Ah! voilà, il a trouvé : voici le boulevard Montparnasse situé entre le sixième arrondissement et le quatorzième. Son café doit être quelque part par ici sur le plan. Mais où est le dix-huitième? Jino doit chercher une adresse. Il doit se rendre à l'adresse suivante. ≪17 rue Lepic, 75018 Paris 18e.≫

Avant de partir, l'ingénieur français de son usine lui a laissé une commission. Il doit remettre un petit colis à un certain Monsieur Pierre Doublot. Son collègue lui a dit.

Le collègue - La rue Lepic est à Montmartre. Vous verrez, c'est un quartier amusant, très actif et plein de couleurs. Vous y passerez en vous promenant.

Mais Montmartre est loin de Montparnasse. C'est au nord, à l'autre bout de la ville. Jino ira-t-il à pied? Il se demande comment il va y aller. Il se lève pour demander son chemin à un agent de police.

Jino - Excusez-moi, monsieur l'agent, mais vous pouvez me dire comment faire pour y aller, s'il vous plaît?

Un agent de police - Bien sûr, c'est très facile, monsieur. D'ici, vous devez prendre le métro. En le prenant là, à Notre-Dame-des-Champs, il faut descendre à Pigalle et marcher jusqu'à la place Blanche. C'est ici, sur votre plan. La rue Lepic est sur votre gauche.

Jino - Merci pour ces explications. Ce ne sera pas difficile, j'ai compris. Mais quelle est cette statue sur le boulevard Raspail en face de nous?

L'agent de police - C'est la statue de Balzac, monsieur.

Jino - Merci, monsieur l'agent.

≪Tiens, c'est donc lui, se dit Jino, Mina lisait souvent des livres de Balzac et elle me les racontait parfois. Ma sœur est très gentille pour moi. Elle m'a acheté ce plan et quelques livres sur l'histoire de Paris. Je lui dois plus de trente euros. Il ne faut pas oublier de lui en rendre cinquante quand je retire des espèces.≫

1. devoir(∼해야 한다, ∼임에 틀림이 없다) 동사 – 부록 참조

바로 뒤에 동사원형이 오면 '∼해야 한다, ∼임에 틀림이 없다'란 뜻이 되고, 동사원형이 안 나오면 '빚지고 있다'란 뜻으로 번역된다.

Il doit chercher une adresse. 그는 주소를 찾아야 한다.
= Il lui faut chercher une adresse.

Son appartement doit être ici. 그(그녀)의 아파트는 이곳에 있음에 틀림이 없다.
= Son appartement est ici, c'est possible.

Je dois 50 euros à ma sœur car elle m'a prêté 50 euros.
여동생이 나에게 50 유로를 빌려주었기 때문에, 그녀에게 50 유로를 빚지고 있다.
= Il me faut rendre 50 euros à ma sœur.

2. lire(읽다) 동사 – 부록 참조

* en ce moment 지금

* assis 앉아있는 (s'asseoir 동사)

* commander 주문하다

* un demi 생맥주 한잔

* déplier 펼치다

* Mina le lui a acheté. 미나가 그것을 그에게 사주었다. – 직접과 간접 목적보어 대명사가 함께 쓰이면 간접을 먼저 써야하지만, lui와 leur만 예외적으로 직접 뒤에 위치한다. **cf)** Je te le donne. 나는 너에게 그것을 준다.

* essayer de inf. ～하려고 애쓰다

* se repérer 자신의 위치를 알다

* facilement 쉽게

* Que de + 무관사명사! (감탄문) 얼마나 많은 ～인지!

* Il doit être impossible de se souvenir des noms de toutes ces rues.
  (비인칭) 모든 이 길들의 이름을 기억한다는 것은 불가능함에 틀림이 없다.

   – Il est (im)possible de inf. ～하는 것은 (불)가능하다,
     se souvenir de ～을 기억하다, 회상하다 (= se rappeler)

* chacun 각각, 각자

* un arrondissement (도시의) 구

* se trouver 있다 (= être)

* situé 위치한

* entre le sixième arrondissement et le quatorzième 6구와 14구 사이에

   – entre A et B A와 B사이에

* quelque part 어딘가에

* par ici 이쪽에

* se rendre à ～에 가다

* suivant 다음의

* 75018 빠리 18구의 행정구역 분류 번호(우편번호) – 75015 빠리 15구

* laisser 남기다

* une commission 심부름

* remettre 건네주다

* un colis 소포

＊ un certain Monsieur Pierre Doublot Pierre Doublot라고 하는 어떤 분에게

＊ le(la) collègue (회사) 동료

＊ amusant 재미있는

＊ plein de ～로 가득 찬

＊ Vous y passerez en vous promenant. 산책할 겸 그곳에 가보세요.

　　– passer (지나가는 길에) 들르다

＊ l'autre bout de la ville 도시의 다른 쪽 끝 – le bout 끝

＊ se demander 자문하다

＊ comment il va y aller 그가 그곳에 어떻게 갈지

　　– 준조동사(뒤에 동사원형을 이끌어 주는 동사)와 동사원형 사이에 대명사가 위치한다.

　　cf) Je dois y aller. 나는 그곳에 가야한다.

＊ demander son chemin 길을 묻다

＊ un agent de police 경찰관

＊ comment faire pour y aller 그곳에 가기 위하여 어떻게 해야 할지

　　– 회화체에서는 의문사 다음에 주어를 쓰지 않고 바로 동사원형을 써도 된다.

＊ d'ici 여기서부터

＊ sur votre gauche 당신의 왼쪽에 – sur votre droite 당신의 오른쪽에

＊ Merci pour ces explications. 설명해주셔서 감사드립니다.

＊ j'ai compris 저는 이해했습니다 – comprendre 이해하다

＊ la statue 동상

＊ en face de ～의 맞은편에

＊ tiens (간투사) 아차, 이런, 앗, 저런

＊ c'est donc lui 맞아, 바로 그야 – donc 놀라움의 표현, 그래서, 그런데, 도대체, (명령, 감탄문) 강조

＊ se dire 생각하다, 혼잣말하다

＊ souvent 자주

＊ parfois 때때로, 이따금

＊ quelques + 복수 몇몇의～, quelque + 단수 어떤

＊ sur ～에 관한

＊ plus de ～이상 – ～ de plus 더

* oublier de inf. ~하는 것을 잊다

* en rendre cinquante 50유로를 되돌려 주다 – 중성대명사 en은 앞에서 한번 나온 euros를 받고 있다.

* quand je retire des espèces 내가 현금을 인출할 때 – retirer 인출하다, les espèces 현금

Sur les quais

J'aime à regarder de ma fenêtre la Seine et ses quais, par les matins d'un gris tendre.

Le ciel de Paris verse en ce moment une douce lumière sur les hommes de la ville ; elle donne aux choses une grande douceur.

Les bouquinistes posent leurs boîtes sur le quai. Ces marchands sont toujours dehors à l'air, à la pluie, au vent, c'est pourquoi ils ressemblent aux vieilles statues des cathédrales. Ils sont tous mes amis et je ne passe jamais devant leurs boîtes sans acheter quelques vieux livres.

Paris s'étend à ma gauche jusqu'aux collines de Chaillot, j'aperçois l'Arc de Triomphe comme un carré de pierre, la Seine et ses ponts, les Tuileries, le Louvre ; je vois à ma droite vers le Pont-Neuf le vieux Paris, avec ses tours et ses îles ; tout cela, c'est ma vie, c'est moi-même, c'est pourquoi j'aime Paris d'un immense amour.

(D'après Anatole FRANCE)

Anatole France, Prix Nobel 1921 est né à Paris en 1844 : il est mort à Paris en 1924.

📖 프랑스의 작가 및 비평가. 대표작으로는 1881년 Le crime de Sylvestre Bonnard (아카데미상 수상작), 1890년 Thais, 1908년 L'île des Pingouins, La vie de Jeanne d'Arc 등이 있다. 1896년에 아카데미 프랑세즈 회원이 되었고, 1921년에 노벨 문학상을 수상하였다.

1. 명사의 보어 (Compléments de nom)

명사 뒤에서 명사의 의미를 보충해 주는 말을 말하며, 주로 전치사 바로 뒤에 명사, 부사, 동사원형, 대명사 등과 함께 해서 만들어진다.

Les hommes de la ville 명사 – 도시의 사람들
Le café au lait 명사 – 밀크커피
Une statue en pierre 명사 – 돌로 만든 동상

Les Parisiens d'autrefois 부사 – 옛날의 빠리 사람들
Le plaisir de voyager 동사원형 – 여행하는 기쁨
Mon amour pour elle 대명사 – 그녀에 대한 나의 사랑

2. apercevoir(보다) 동사 – 부록 참조(recevoir 계열 동사)

3. voir(보다)와 apercevoir(보다)의 차이

voir – 관심을 갖고 무언가를 바라 볼 때, 안보고 싶어도 주위의 것이 자신의 의지와 상관없이 보일 때 본다는 것을 말한다.

Je vois une personne ou une chose avec les yeux quand je les regarde.

apercevoir – 사람이나 사물이 멀리에 있거나 작게 보일 때 또는 흐릿하게 보일 때 '자세히 들여다 본다'라는 의미의 '보다'를 말한다. 또는 '갑자기 보인다'의 뜻으로도 쓰인다.

Quand une personne ou une chose sont loin, ou petites, ou mal éclairées, je les aperçois.

* sur les quais 강변 위에서

* aimer à inf. (= aimer inf.) ~하는 것을 좋아하다

* de ma fenêtre 내 창문으로부터

* par les matins d'un gris tendre 연한 회색의 아침에(안개 긴 아침에)

  – par는 날씨를 나타낼 때 쓰인다. **cf)** par les jours froids d'hiver 겨울의 추운 날들에

* verser 뿌리다

* en ce moment 지금

* doux,ce 부드러운

* la douceur 부드러움

* le(la) bouquiniste (빠리 세느강의) 헌책 상인

* poser 놓다

* la boîte 상자, 박스

* le marchand 상인

* dehors 바깥에 (= à l'air)

* à la pluie 비가 올 때

* au vent 바람이 불 때

* c'est pourquoi 그래서

* ressembler à ~을 닮다

* Ils sont tous mes amis 그들 모두는 내 친구들이다

  – tous는 혼자 단독적으로 쓰일 때는 대명사로 쓰여서 '모두'로 번역되고 발음은 [tus]가 되며, 뒤에 관사가 오면 형용사로서 '모든'의 뜻이고 [tu]로 발음된다. **cf)** tous les jours 매일

* je ne passe jamais devant leurs boîtes sans acheter quelques vieux livres

  내가 그들의 상자들 앞으로 지나갈 때면, 나는 반드시 몇 권의 오래된 책들을 산다.

  – ne jamais A sans B A하면 반드시 B한다

* s'étendre 펼쳐져 있다

* la colline 언덕

* apercevoir 자세히 관찰하다, 발견하다, (갑자기) 보다

* l'Arc de Triomphe 개선문

✽ comme un carré de pierre 정사각형 돌처럼 생긴 – un carré 정사각형

✽ tout cela, c'est ma vie, c'est moi-même, c'est pourquoi j'aime Paris d'un immense amour 이
모든 것, 이것이 나의 삶이며, 내 자신이다. 그래서 나는 빠리를 무한한 사랑으로 사랑한다.

　– d'un immense amour 무한한 사랑으로 : 전치사 de는 번역이 애매할 때는 '〜로'라 번역하면 된다

　cf) Il marche d'un pas léger. 그는 가벼운 발걸음으로 걷고 있다.

✽ d'après 〜에 의하면, 〜에 따라서

Mme Pascal et Mina décident de faire les magasins

Mme Pascal et Mina décident de faire les magasins. Elles prennent le métro pour aller aux grands magasins près de l'Opéra et de la gare Saint-Lazare. Mme Pascal a différents achats à faire.

Jino n'ira pas avec elles parce que faire les magasins ne l'intéresse pas. Il a l'intention d'aller voir le Musée de l'Homme et le Musée des Monuments Français, au palais de Chaillot. Les magasins l'ennuient alors que les musées l'intéressent beaucoup.

Pour y aller, Jino a pris le bus qui le mènera place du Trocadéro, en face du palais de Chaillot.

Mais en descendant du bus, Jino trouve les deux musées fermés. Un marchand de glaces s'avance vers lui le long du trottoir, s'arrête juste à sa hauteur, l'observe un instant et lui dit :

Le marchand - Pas de chance, jeune homme, c'est mardi aujourd'hui, en France tous les musées sont fermés le mardi. Prenez donc une glace au chocolat, ça vous rafraîchira. Elles sont délicieuses.

Jino - Non merci, monsieur, je n'aime pas les glaces.

Tout embêté, Jino marche de long en large. Il aperçoit de l'autre côté, sur la rive gauche, la tour Eiffel et les jardins du Champ-de-Mars. Il décide d'y aller à pied, mais avant de s'en aller, par précaution il demande au marchand :

Jino - Vous savez s'il est possible de monter à la tour Eiffel aujourd'hui?

Le marchand - Certainement, monsieur. C'est payant pour monter par l'ascenseur mais ce n'est pas cher. C'est une bonne idée d'aller là-haut. L'air y est bien meilleur, on respire mieux et même quand il fait chaud comme aujourd'hui, il y a toujours un peu de vent. Et puis, vous aurez une vue panoramique de Paris et des souvenirs inoubliables. Vous enverrez des cartes postales de la tour Eiffel à vos amis.

Pendant ce temps-là, la jeune femme et la jeune fille ont fait du lèche-vitrine. Elles ont comparé les prix ci et là. Enfin, elles sont entrées au grand magasin Printemps. Mme Pascal y a terminé ses achats. Mina a essayé des vêtements et s'est décidée à acheter une robe. Elle était heureuse de son achat et se disait : ≪Je n'entendrai plus mon frère se plaindre de ma vieille robe sous prétexte qu'il la trouvait laide.≫

핵심 문법

1. 원인과 결과의 표현 (Expressions des idées de cause et de conséquence)

원인 – Je bois parce que j'ai soif. 나는 목이 마르기 때문에 마신다.

결과 – J'ai soif c'est pourquoi je bois. 나는 목이 마르다 그래서 마신다.

원인 – Je ne lis pas ce livre parce qu'il m'ennuie.

　　　이 책이 나를 지루하게 하기 때문에 나는 그것을 읽지 않는다.

결과 – Ce livre m'ennuie c'est pourquoi je ne le lis pas.

　　　이 책은 나를 지루하게 한다 그래서 나는 그것을 읽지 않는다.

2. envoyer(보내다) 동사

직설법 현재 변화에서 Nous와 Vous를 제외한 인칭에서는 y가 i로 변하는 것에 주의

J'envoie, Tu envoies, Il envoie,
Nous envoyons, Vous envoyez, Il envoient

단순미래형에서 어간이 enverr~로 되는 것에 주의

J'enverrai, Tu enverras, Il enverra,
Nous enverrons, Vous enverrez, Ils enverront

3. essayer(애쓰다, 시도하다) 동사

–ayer 계열 동사들은 y가 i로 바뀌어도 되고, 안 바뀌어도 된다는 것에 주의

J'essaie(j'essaye), Tu essaies(Tu essayes), Il essaie(Il essaye),
Nous essayons, Vous essayez, Ils essaient(Ils essayent)

본문 해설

* décider de + inf. 하기로 결심하다 (= se décider à + inf.)

* faire les magasins 쇼핑하다 (= faire les boutiques)

* prendre le métro 지하철을 타다 **cf)** prendre le bus 버스를 타다 / prendre un taxi 택시를 타다

* Mme Pascal a différents achats à faire. 빠스깔 부인은 쇼핑할 게 여러 가지 있다.
  – différents (명사 앞에서 한정사 없이 쓰이면) 몇몇의, 여러 가지의 (= divers, plusieurs)

* parce que faire les magasins ne l'intéresse pas 왜냐하면 쇼핑하는 것은 그의 흥미를 끌지 못하기 때문에
  – 동사의 원형이 주어로 쓰이면 '~하는 것은'으로 번역한다.

* avoir l'intention de + inf. ~할 생각이다, ~할 작정이다

* le Musée de l'Homme et le Musée des Monuments Français 인류 박물관과 프랑스 기념물 박물관

* au palais de Chaillot 샤이오 궁전에 있는

* alors que ~인 반면에, ~할 때

* le bus qui le mènera place du Trocadéro 트로까데로 광장으로 그를 데려다 줄 버스
  – qui 는 주격 관계대명사

* en face de ~의 맞은편에, ~의 앞에

* en descendant du bus 버스에서부터 내리면서 – Gérondif (en + ~ant ~하면서) 구문

* s'avancer vers ~쪽으로 나아가다, ~로 전진하다

* le long de ~을 따라

* le trottoir 보도, 인도

* juste à sa hauteur 바로 그의 높이에서, 바로 그쪽으로 다가가서

* un instant 잠시

* Pas de chance 운이 없으시군요 – Vous n'avez pas de chance. 의 줄임말 표현

* jeune homme 젊은이

* Prenez donc une glace au chocolat 쵸코 아이스크림이나 드시죠
  – 명령법 표현에 donc를 쓰면 강조 구문이 된다.

* ça vous rafraîchira 그것이 당신을 시원하게 해줄 것입니다.

* Tout embêté, 매우 난처해하며, 매우 당황해 하며
  – tout가 형용사나 부사 앞에서 쓰이면 '매우'란 뜻으로 번역한다.

* de long en large 이리저리

* de l'autre côté 건너편에서, 반대편에서

* sur la rive gauche 좌안 (쎄느강 아래쪽 지역)에서 – la rive droite 우안 (쎄느강 윗쪽 지역)

* à pied 걸어서, 도보로

* avant de + inf. ~하기 전에 – avant 다음에 동사원형이 오면 반드시 de를 써준다

   cf) avant de partir = avant le départ 떠나기 전에

* s'en aller 가버리다, 떠나다 – 사람이나 장소로부터 떠난다는 의미로 많이 쓰인다.

* par précaution 신중을 기하기 위해

* Vous savez s'il est possible de monter à la tour Eiffel aujourd'hui? 오늘 에펠탑에 오르는 것이 가능
  한지 아십니까? – savoir 동사 다음에 나오는 si(~인지 아닌지)는 간접의문절을 이끌어 주는 접속사

* Certainement 물론입니다

* C'est payant 돈을 내야 합니다, 유료입니다

* par l'ascenseur 엘리베이터를 타고

* C'est une bonne idée de + inf. ~하는 것은 좋은 생각이다

* là-haut 저 위에

* bien meilleur 무척 더 좋은 – bien은 강조 / meilleur는 bon의 우등비교급

* mieux 더 잘 – bien의 우등비교급

* même quand ~일 때 조차도

* une vue panoramique de Paris 빠리의 전경

* des souvenirs inoubliables 잊지 못할 추억들

* Vous enverrez des cartes postales de la tour Eiffel à vos amis. 친구들에게 에펠탑 우편엽서를 보내세
  요. – 주어가 2인칭(Tu나 Vous)일 때 단순미래를 쓰면 부드러운 명령문 표현이 된다.

* Pendant ce temps-là 그러는 시간 동안에

* faire du lèche-vitrine 아이쇼핑을 하다

* ci et là 여기저기

* terminer ses achats 쇼핑을 마치다

* essayer des vêtements (옷이 맞나) 옷들을 입어보다

* se dire 생각하다, 혼잣말 하다

* Je n'entendrai plus mon frère se plaindre de ma vieille robe 나는 오빠가 나의 오래된 옷에 대해서 불
  평하는 것을 더 이상 듣지 않게 될 것이다. – se plaindre de ~에 대해서 불평하다

* sous prétexte qu'il la trouvait laide 그가 그것(오래된 옷)을 추하다고 생각하고 있다는 구실(핑계)로
  – sous prétexte que ~라는 구실로 / trouver 생각하다

Cet après-midi, Mina et Jino sont allés à l'embarcadère

Cet après-midi, Mina et Jino sont allés à l'embarcadère pour se promener sur la Seine en Bateau-Mouche.

L'annonce – Attention, regardez à gauche, s'il vous plait, vous verrez le Musée du Louvre. Dans quelques minutes nous atteindrons l'Académie française sur votre droite.

Jino – Le bateau passe sous le pont des Arts puis il arrivera au Palais de Justice, ensuite, il ira jusqu'à Notre-Dame.

Mina – Lève-toi et regarde donc les monuments au lieu de regarder ton guide et ton plan.

Jino – On apprend beaucoup de choses grâce à ce guide. Regarde. Sur cette page, tu pourras voir un dessin de l'île de la Cité au Moyen Age.

Mina – Le Moyen Age ne m'intéresse pas du tout. Et puis tu m'énerves, j'en ai marre de toi.

M. Legros – Vous avez tort, Mademoiselle, je ne vous comprends pas. Le Moyen Age n'est pas ennuyeux, c'est une époque absolument formidable et pleine d'intérêt. J'ai passé toute ma vie à en étudier la civilisation.

Mina – Je peux très bien vous comprendre, Monsieur, car mon frère et moi avons eu plaisir à découvrir l'histoire de France, mais il m'énerve à vouloir toujours avoir raison. Il avait toujours le dernier mot. C'est agaçant!

Jino – Toi, tu n'es pas polie, Mina.

Mina – Entre nous deux, qui a le plus besoin d'une leçon de politesse?

M. Legros – Dites-moi, Mademoiselle, vous avez quel âge?

Mina – Heu… Pourquoi...?

Jino – Ma sœur a dix-neuf ans, Monsieur.

M. Legros – Ma petite-fille Violette a le même âge que vous. Elle commence à étudier la peinture. Elle fréquente les Beaux-Arts.

Jino – Nous sommes passés il y a une minute devant l'Ecole.

M. Legros – Oui, vous avez raison.

Mina – Y a-t-il beaucoup de jeunes filles à l'Ecole des Beaux-Arts?

M. Legros – Bien sûr. Vous savez, les jeunes Françaises d'aujourd'hui ont beaucoup d'ambition. Elles aussi veulent faire une carrière et devenir importantes. Et les hommes l'ont bien compris en leur faisant une place. On appelle ça une parité.

1. 강세형 인칭대명사 (Formes accentués du pronom personnel)

나	너	그	그녀	우리들	당신/너희들	그들	그녀들
moi	toi	lui	elle	nous	vous	eux[ø]	elles

다음의 네 가지 경우에서 주로 쓰인다.

a. 주어 앞에서 주어를 강조할 때

Toi, tu n'es pas polie. 너, 너는 예의바르지 못하구나.

b. 전치사 뒤에서

Vous parlez comme lui. 당신은 그처럼 말하는 군요.

c. 주어를 둘 이상 나열할 때

Ma mère et moi avons lu cela. 또는 Ma mère et moi, nous avons lu cela.
엄마와 나는 그것을 읽었다. ou 엄마와 나, 우리는 그것을 읽었다.

d. 긍정 명령문에서 **me, te**는 강세형 **moi, toi**로

Dites-moi votre âge. 나에게 당신의 나이를 말해주세요.
Lève-toi. 일어나.

그러나 부정명령문이 되면 직접 및 간접 목적보어 대명사는 다시 동사 앞으로 와야 하므로 원래 형태인 me, te가 된다.

Ne me dites pas votre âge.
Ne te lève pas.

2. pouvoir(할 수 있다) 동사 – 부록 참조

직설법 현재 변화에서 Je peux는 Je puis로 해도 되지만 의문문에서 만큼은 Peux-je(×)가 아니고 반드시 Puis-je~?로 해야 한다.

단순미래에서 어간에 r가 두 개인 것에 주의를 해야 한다. Je pourrai ~

단순미래에서 어간에 r가 두 개인 동사들을 모두 정리하면 다음과 같다.

courir 달리다 – Je courrai ~
envoyer 보내다 – J'enverrai ~
mourir 죽다 – Je mourrai ~
pouvoir 할 수 있다 – Je pourrai ~
voir 보다 – Je verrai ~

3. vouloir(원하다) 동사 – 부록 참조

pouvoir와 vouloir 동사는 직설법 현재 1, 2인칭 단수인 Je와 Tu 변화에서 어미가 's'가 아니고 'x'인 것에 주의를 해야 한다.

Je peux, Tu peux
Je veux, Tu veux

vouloir 동사는 명령법 형태가 다음과 같이 불규칙하게 변하지만 Vous에 해당하는 표현인 Veuillez만을 주로 쓴다.

Veuille, Veuillez, Veuillons

Veuillez는 뒤에 동사원형이 와서 극존칭이나 부드러운 명령을 나타내며 일상회화 보다는 안내문, 게시문에서 주로 쓰인다.

Veuillez patienter, s'il vous plaît. 기다려 주십시오.

본문 해설

* cet après-midi 오늘 오후에

* un embarcadère 선착장, 부두

* se promener 산책하다

* en Bateau-Mouche (세느강의) 유람선을 타고 – en은 교통수단을 나타내는 전치사

* une annonce 안내 방송

* Attention 주목하세요, 조심하세요

* dans quelques minutes 몇 분 후에

* atteindre (~에) 도달하다, 다다르다 – 전치사 없이 바로 장소가 나오는 것에 주의

* l'Académie française 아카데미 프랑세즈, 프랑스 학술원

* le pont des Arts 예술교 – 프랑스 학술원 바로 앞에 있는 인도전용 다리

* le Palais de Justice 법원

* regarde donc les monuments 기념물들을 좀 봐. – 명령문에 donc을 쓰면 명령 강조

* au lieu de ~하는 대신에

* le guide 안내서, 안내인

* grâce à ~ 덕택에

* un dessin 그림

* le Moyen Age 중세

* ne ~ pas du tout 전혀 ~아니다

* intéresser 흥미 있게 하다 ↔ ennuyer 지루하게 하다

* énerver 짜증나게 하다

* en avoir marre de 질리다, 싫증이 나다

* avoir tort 틀리다 ↔ avoir raison 맞다

* ennuyeux,se 싫증나게 하는, 곤란한

* une époque 시대

* absolument 완전히, 매우

* formidable 엄청난, 놀라운

* un intérêt 흥미, 관심

* passer … à inf. ~하면서 …을 보내다

* en étudier la civilisation 그것에 대한 문화 – en은 la civilisation du Moyen Age의 du Moyen Age를
  대신하는 중성대명사

* avoir plaisir à inf. 즐겁게 ~하다

* découvrir 알아내다

* énerver à inf. ~해서 짜증나게 하다

* avoir le dernier mot 논쟁에서 이기다, 결정권을 가지다

* C'est agaçant! 짜증나! 열받아!

* Entre nous deux 우리 둘 중에서

* le plus 가장, 제일 많이

* avoir besoin de ~이 필요하다

* le même âge que vous 당신과 똑같은 나이

* la peinture 그림

* Elle fréquente les Beaux-Arts. 그녀는 보자르 대학에 다니고 있어.

* faire une carrière 성공하다

* devenir ~이 되다

* important 요직의, 중요한

* les hommes l'ont bien compris 남자들은 그것을 잘 이해했다

* en leur faisant une place 그녀들에게 자리를 내주면서

* On appelle ça une parité. 사람들은 그것을 평등이라 부른다.

    – appeler A B A를 B라고 부르다

Déjeuner du matin

Il a mis le café
Dans la tasse
Il a mis le lait
Dans la tasse de café
Il a mis le sucre
Dans le café au lait
Avec la petite cuiller
Il a tourné
Il a bu le café au lait
Et il a reposé la tasse
Sans me parler
Il a allumé
Une cigarette
Il a fait des ronds
Avec la fumée
Il a mis les cendres

Dans le cendrier
Sans me parler
Sans me regarder
Il s'est levé
Il a mis
Son chapeau sur sa tête
Il a mis son manteau de pluie
Parce qu'il pleuvait
Et il est parti
Sous la pluie
Sans une parole
Sans me regarder
Et moi j'ai pris
Ma tête dans ma main
Et j'ai pleuré.

Jacques PRÉVERT
(Paroles)

Jacques Prévert(1900~1977) est né en 1900 à Neuilly-sur-Seine près de Paris.

📖 초현실주의 작가. 초등학교 졸업 후 빠리 봉마르셰 백화점에서 근무. 대표작으로는 Paroles(사랑의 노랫말)과 한국에서도 널리 알려져 있는 샹송 Les feuilles mortes(고엽)의 작사가이기도 하다.

핵심 문법

1. 원인의 표현 parce que, car, à cause de

parce que, car는 뒤에 문장이 오지만, à cause de는 명사가 온다.

Il a mis son manteau de pluie parce qu'il pleuvait.

비가 오고 있었기 때문에 그는 비옷을 입었다.

Elle a pensé au poème car il pleuvait.

그녀는 비가 오고 있었기 때문에 시를 생각했다.

Elle a pensé au poème à cause de la pluie.

그녀는 비 때문에 시를 생각했다.

2. 부정의 표현 sans

Il a bu son café sans me parler.

그는 나에게 말도 없이 자신의 커피를 마셨다.

Il est parti sans me regarder.

그는 나를 보지도 않고 떠났다.

3. mettre(놓다) 동사 – 부록 참조

4. boire(마시다) 동사 – 부록 참조

본문 해설

＊le café au lait 밀크커피

＊la cuiller 스푼, 숟가락 (= la cuillère)

＊tourner 돌리다, 회전하다

＊reposer 도로 갖다 놓다, 다시 놓다

＊allumer 불을 붙이다

＊Il a fait des ronds 그는 동그라미들을 만들었다

＊la fumée 연기

＊la cendre 재

＊le cendrier 재떨이

＊le chapeau 모자

＊sous la pluie 비를 맞으며

＊sans une parole 한마디 말도 없이

＊pleurer 울다

Leçon 13

Le professeur Legros est rentré tard chez lui

Le professeur Legros est rentré tard chez lui. Sa femme lisait un livre en l'attendant quand enfin elle a entendu la clé tourner dans la serrure.

Mme Legros – Enfin, te voilà! J'étais inquiète. Quand tu rentreras tard la prochaine fois, tu me préviendras. Comme ça je ne me ferai pas de soucis. Tu as de la visite, c'est un étudiant. Il t'attend dans ton bureau. Il a besoin de renseignements au sujet du Moyen Age.

M. Legros – Des questions? Sur quoi? Qui est cet étudiant?

Mme Legros – Je ne sais pas ; il ne me l'a pas dit ; il est dans ton bureau ; il y regarde tes livres ; il paraît très poli, mais je ne l'ai jamais vu, je ne le connais pas, il a un léger accent étranger quand il parle français.

M. Legros – J'y vais.

M. Legros est allé dans son bureau et il en est sorti une heure après.

Mme Legros – Il est presque neuf heures et j'aime dîner tôt, tu le sais bien.

M. Legros – Désolé. Cet étudiant habite à Londres, il est venu de loin pour me voir ; il a suivi ma classe à la Sorbonne. Je l'ai tout de suite reconnu. Il m'a posé des questions très intéressantes. Je n'ai pas très faim ce soir. Dîne sans moi.

Mme Legros – Tu es bien pareil à ton fils, tu n'as jamais faim. Après, ne sois pas surpris d'être malade. Veux-tu du potage? Il est chaud.

M. Legros – Pourquoi pas, je prendrai bien un petit potage. Il maîtrise parfaitement le sujet, mais il avait besoin de mes lumières. D'après lui, je suis le seul à avoir pu lui apporter des réponses à ses questions.

Mme Legros – Qu'est-ce que tu as fait cet après-midi? Tu semblais bien content quand tu es rentré.

M. Legros – Je suis allé me promener sur les quais et je suis arrivé devant le bateau-mouche. Beaucoup de monde faisait la queue pour y monter. J'y suis monté aussi parce que je n'y étais jamais allé. C'est sympa, une croisière sur la Seine, surtout que je n'en avais jamais eu l'occasion. J'y ai rencontré deux jeunes étrangers. Nous avons fait connaissance et nous avons bavardé tout un moment. Comme ils paraissaient très gentils, je les ai accompagnés. Tu auras l'occasion de les rencontrer bientôt. Je leur ai donné notre numéro de téléphone car ils connaissent peu de Français à Paris. Je veux leur faire rencontrer Violette.

핵심 문법

1. 장소를 대신해서 받는 중성대명사 y

Elle est là. ☞ Elle y est. 그녀는 그곳에 있다.
Je travaille dans mon bureau. ☞ J'y travaille. 나는 그곳에서 일하고 있다.
Elles habitent rues des Ecoles. ☞ Elles y habitent. 그녀들은 그곳에서 살고 있다.

2. de là를 대신해서 받는 중성대명사 en

전치사 de와 함께 쓰인 장소 표현은 모두 중성대명사 en으로 받을 수 있다.

Je viens de chez elle. ☞ J'en viens. 나는 그곳에서부터 오고 있다.
Elle est revenue tard du théâtre. ☞ Elle en est revenue tard.
그녀는 그곳에서부터 늦게 돌아왔다.

Je suis arrivé à Lyon hier soir et je suis revenu de Lyon ce matin.
☞ J'y suis arrivé hier soir et j'en suis revenu ce matin.
나는 어제 저녁에 그곳에 도착해서, 오늘 아침에 그곳에서부터 돌아왔다.

3. 앞의 문장 전체를 받는 중성대명사 le

Qui est cet étudiant? – Je ne sais pas, il ne me l'a pas dit.
그 학생은 누구야? – 몰라요. 그가 나에게 그것을 말해주지 않았어요.

Elle est sérieusement malade. Je ne le savais pas.
그녀가 중병이야. 나는 그것을 모르고 있었어.

4. savoir(알다) 동사 – 부록 참조

학문, 지식, 학식, 사실 등을 상세히 정확하게 '알다'란 뜻으로 쓰인다.
주로 명사, 동사원형, que와 함께 쓰인다.

Je sais qu'elle est partie. 나는 그녀가 떠난 것을 알고 있다.

5. connaître(알다) 동사 − 부록 참조

얼굴, 사람, 이름, 지역 등을 '알다'란 뜻으로 쓰인다.
주로 명사, 대명사와 함께 쓰인다.

Il ne connaît pas ma mère. 그는 나의 엄마를 알지 못한다.

동사 변화에서 자음 t앞에서만 accent circonflexe를 찍어 준다는 것에 주의
Il connaît, Elle connaît

naître(태어나다) 동사 − 직설법 현재 변화는 connaître와 같은 방식으로 변화하나 과거분사가 완전히 다르므로 다른 계열 동사로 분류된다.

직설법 현재 − Je nais, Tu nais, Il naît, Nous naissons, Vous naissez, Ils naissent

naître 동사의 과거분사는 né이며 조동사로 être를 취한다.
connaître 동사의 과거분사는 connu이며 조동사로 avoir를 취한다.

Elle est née à Paris. 그녀는 빠리에서 태어났다.
Elle a connu votre nom. 그녀는 당신의 이름을 알고 있었습니다.

본문 해설

* rentrer 귀가하다

* tard 늦게 ↔ tôt

* en l'attendant 그를 기다리면서

* enfin 마침내, 결국

* elle a entendu la clé tourner dans la serrure 그녀는 열쇠가 자물쇠 안에서 돌아가는 소리를 들었다

    – '지각동사 + 의미상의 주어 + 동사원형' 구문

* la serrure 자물쇠

* Enfin, te voilà 마침내 당신이 왔네요!

    – voici나 voilà 앞에 직목대명사를 써서 '～가 여기(저기)에 있다'란 놀람이나 강조의 뜻을 말할 때 쓰인다.

    cf) La voilà. 그녀가 저기에 있네.

* la prochaine fois 다음 번에

* tu me préviendras 나에게 알려주세요

    – 주어가 2인칭 tu나 vous일 때 단순미래를 쓰면 부드러운 명령을 나타낸다.

* prévenir 알리다

* comme ça 그렇게 하면, 이렇게, 그렇게

* se faire du souci 걱정하다

* Tu as de la visite 누가 찾아왔어요

* de la visite 방문객들, 손님들

* avoir besoin de ～을 필요로 하다

* le renseignement 정보, 자료

* au sujet de ～에 관해

* Sur quoi? 무엇에 관한 건데?

* il ne me l'a pas dit 그가 나에게 그것을 말하지 않았다

    – le는 중성대명사로 '그 학생은 누구야?'라는 앞 문장 전체를 받는다.

* paraître ～처럼 보이다

* poli 예의바른, 정중한

* J'y vais. 내가 거기에 가볼게.

* il en est sorti une heure après 그는 한 시간이 지난 후에 그곳에서부터 나왔다

    – en은 중성대명사로 de son bureau를 대신해서 받고 있다.

* une heure après 한 시간 후

  – après는 시제의 기점이 과거나 미래일 때 쓰며, dans은 현재일 때 쓴다.

  cf) Elle viendra dans une heure. 그녀는 (지금부터) 한 시간 후에 올 것이다.

* presque 거의

* j'aime dîner tôt, tu le sais bien 나는 일찍 저녁 식사하는 것을 좋아한다, 너도 그것을 잘 알다시피

  – le는 중성대명사로 앞 문장을 받고 있다.

* Désolé. 미안하다.

* suivre ma classe 내 수업을 듣다

* reconnaître 알아보다, 인정하다

* poser des questions 질문을 하다

* être pareil à ~과 같다, 비슷하다

* après 나중에

* ne sois pas surpris d'être malade 아프더라도 놀라지 마

  – sois는 être 동사의 2인칭 단수 명령법 형태

* être surpris de inf. ~대해서 놀라다

* du potage 수프

* pourquoi pas 물론이지, 왜 안 되겠어

* maîtriser 완전히 알고 있다, 지배하다

* parfaitement 완벽하게

* le sujet 주제, 주어

* mes lumières 나의 지식

* d'après lui 그의 말에 따르면

* je suis le seul à avoir pu lui apporter des réponses à ses questions
  내가 그의 질문에 답을 해줄 수 있었던 유일한 사람이다

* sembler ~처럼 보이다 (= paraître)

* le bateau-mouche (세느강의) 유람선

* faire la queue 줄을 서다 – la queue 꼬리

* parce que je n'y étais jamais allé 나는 그곳에 가본 적이 없었기 때문에

  – 직설법 대과거 구문 : 조동사의 반과거 + 과거분사

* sympa 마음에 드는, 좋은

* une croisière 항해 유람, 순항

* surtout que ~이니 만큼 더더욱

* je n'en avais pas eu l'occasion 나는 그럴 기회를 갖지 못했었다 – 직설법 대과거 구문

* faire connaissance 알게 되다, 사귀다

* bavarder 수다를 떨다, 잡담하다

* tout un moment 줄곧, 내내

* comme ils paraissaient très gentils 그들이 매우 친절해 보였기 때문에

    – paraître 동사의 반과거 구문

* je les ai accompagnés 나는 그들을 동반했다

    – accompagnés의 s는 직목대명사 les가 앞으로 나갔기 때문이다.

* avoir l'occasion de inf. ~할 기회를 갖다

* car ils connaissent peu de Français à Paris 왜냐하면 그들은 빠리에서 거의 프랑스 사람들을 알고 있지 못하기 때문에 – peu de 거의 아니다

* Je veux leur faire rencontrer Violette. 나는 그들에게 비올레뜨를 만나도록 해주고 싶다.

    – 'faire inf.'은 사역 동사 구문으로 '~하도록 시키다'라고 번역된다. 사역동사 구문에서의 대명사의 위치는 사역 동사인 faire 동사 앞이다.

Mina et Jino ont reçu une invitation de la part de M. Legros

Mina et Jino ont reçu une invitation de la part de M. Legros. Le professeur les a invités à aller au théâtre avec lui ce soir-là pour voir une comédie de Molière. Ils y feront aussi la connaissance de Violette. Ils devront se trouver à huit heures précises devant la Comédie-Française. A présent ils se préparent pour la soirée. Mina est sous la douche quand Jino lui demande :

Jino - Mina, je n'ai que des chaussettes blanches, je ne trouve pas les grises. Tu ne les as pas vues, par hasard?

Mina - Comme tes chaussettes étaient sales, je les ai mises dans la lessive d'hier soir et je te les ai données ce matin mais je ne sais pas où tu les as rangées. Elles sont sûrement dans ta commode.

Jino - Ah oui, tu as raison, les voilà. Et quelle cravate dois-je porter? Une cravate rouge avec un costume gris foncé, ça va bien ensemble? Et mes mouchoirs neufs, ils sont où? Je n'arrive pas à mettre la main dessus, pourtant je suis sûr de les avoir apportés. Je ne les trouve nulle part.

Mina - Bon, tu te calmes! Ne t'agite pas tant! Tes mouchoirs sont dans mon armoire. Je te les donnerai tout à l'heure. Et tes chaussures blanches, les as-tu nettoyées?

Jino - Oui. Et toi, quelle robe vas-tu mettre? Ta robe rose, elle te va si bien! Tu l'as apportée, n'est-ce pas?

Mina - Non, je n'avais pas assez de place dans ma valise. J'ai dû emporter tant de choses! J'ai seulement des robes courtes.

Mina entre dans la chambre de son frère en tenant son sac à la main. Elle a mis sa robe neuve.

Mina - Comment tu me trouves avec ma robe neuve? Elle n'est pas un peu trop voyante?

Jino - Ouah. Qu'est-ce qu'elle te va bien! Tu l'as achetée où? Je ne la connaissais pas.

Mina - Je l'ai achetée au grand magasin Printemps avec Mme Pascal : je voulais te faire la surprise.

Jino - Dépêchons-nous maintenant, sinon nous allons être en retard. Il faut être à l'heure pour ne pas faire attendre le professeur Legros.

핵심 문법

1. **직접목적보어 대명사 le, la, l', les**

   – 긍정명령문을 제외하고 항상 동사 앞에 위치한다.
   – 사람과 사물을 대신해서 받을 수 있다.
   – 조동사를 avoir로 하는 복합시제에서는 직접목적어가 조동사 avoir 보다 앞으로 나갈 경우에 그 앞으로 나간 그 직접목적어에 과거분사를 성수 일치시킨다.

   a. 정관사와 함께 쓰인 명사를 받는다.

   Jino a rencontré le professeur ; il l'a rencontré. 지노는 그를 만났다.
   Il a regardé les robes de sa sœur ; il les a regardées. 그는 그것들을 보았다.

   b. 지시형용사와 함께 쓰인 명사를 받는다.

   Jino a-t-il mis ces chaussettes-là? Les a-t-il mises? 그가 그것들을 신었나요?
   A-t-il rencontré cette jeune fille? – Non, il ne l'a pas rencontrée.
   아니오, 그는 그녀를 만나지 못했습니다.

   c. 소유형용사와 함께 쓰인 명사를 받는다.

   Jino a oublié ses mouchoirs? – Oui, il les a oubliés. 예, 그는 그것들을 잊어버렸습니다.
   As-tu emporté ta robe neuve? Ne l'as-tu pas emportée? 너는 그것을 가져오지 않았니?

   d. 고유명사를 받는다.

   Ce professeur a invité Mina et Jino ; il les a invités. 그가 그들을 초대했다.

2. **직접목적보어 대명사 me, te, nous, vous**

   사람만을 대신해서 받을 수 있다.

   Mina et Jino ont dit : M. Legros nous a invités.
   미나와 지노가 말했다 : 르그로씨가 우리를 초대했습니다.

   Mina a demandé à son frère : Comment me trouves-tu?
   미나가 오빠에게 물어보았다 : 오빠는 나를 어떻게 생각해?

3. **tant, tant de, si**

부사 tant(그렇게 많이, 그토록, 무척)은 동사를 꾸며준다.

Ne t'agite pas tant. 그렇게 흥분하지 마.

tant de(너무나 많은)는 명사를 꾸며준다.

J'ai dû emporter tant de choses. 나는 너무나 많은 것들을 가져와야만 했다.

si(매우)는 형용사나 다른 부사를 꾸며준다.

Tu es si jolie. 너는 매우 예쁘다.

Ne parle pas si vite. 매우 빠르게 말하지 마.

4. **tenir(잡다, 들다, 유지하다, 차지하다) 동사 변화 – 부록 참조(venir 계열 동사)**

* de la part de ~로부터

* inviter qn à inf. ~을 ~하자고 권하다, 초대하다

* ce soir-là 그날 저녁

* une comédie 희극

* faire la connaissance de qn ~를 사귀다

* se trouver 이다, 있다 (= être)

* à huit heures précises 정각 8시에

* la Comédie-Française 코메디-프랑세즈, 프랑스 국립 연극 극장

* A présent 지금

* se préparer pour ~을 위해 준비하다

* sous la douche 샤워 중인 – la douche 샤워

* ne ~ que 단지 ~만

* des chaussettes blanches 하얀색 양말

* par hasard 혹시, 우연히

* comme ~때문에, ~할 때, ~처럼

* sale 더러운 ↔ propre

* la lessive 빨랫감, 세탁물

* ranger 정리하다, 정돈하다

* sûrement 틀림없이

* la commode 서랍장

* les voilà 그것들은 여기에 있어

* quel,le 어떤 – 지시형용사

* la cravate 넥타이

* porter 입다, 쓰다, 신다, 차다, 매다, 끼다

* un costume 양복

* gris foncé 짙은 회색

* ça va bien ensemble 함께 어울리다

* le mouchoir 손수건

* neuf,ve (명사 뒤) 새로운, (명사 앞 – 불변) 아홉, 9

* Je n'arrive pas à inf. 나는 ~을 할 수가 없다

* mettre la main dessus 발견하다 (= trouver)

* pourtant 그렇지만, 그러나

* être sûr de inf. ~하는 것을 확신하다

* ne ~ nulle part 어느 곳도 아니다 ↔ partout 도처에

* Tu te calmes! 조용히 해! (= Calme-toi!)

* s'agiter 흥분하다, 동요하다

* tant 무척, 그렇게 많이

* tout à l'heure 조금 후에, 조금 전에

* les chaussures 신발, 구두

* nettoyer 깨끗이 하다, 청소하다

* mettre 입다, 넣다, 놓다

* elle te va si bien 그것이 너에게 잘 어울린다 – aller à qn ~에게 어울리다

* tant de choses 너무나 많은 것들

* seulement 오직, 단지

* court 짧은 ↔ long

* en tenant son sac à la main 손에 핸드백을 든 채로

* Comment tu me trouves avec ma robe neuve? 새 원피스를 입은 나를 어떻게 생각해? – trouver 생각
  하다, 발견하다

* un peu trop 약간 너무

* voyant 화려한, 눈부신, 야한

* Ouah. (감탄사) 우와.

* Qu'est-ce qu'elle te va bien! 그것은 너에게 얼마나 잘 어울리는지!

    – 문장 앞에 Qu'est-ce que를 쓰면 감탄문이 되기도 한다. 의문대명사인 Qu'est-ce que와 구별해야 한다.

    cf) Qu'est-ce que tu regardes? 너는 무엇을 보고 있니?

    – 타동사와 함께 쓰이면 '무엇을'이라 번역한다.

* faire la surprise à qn ~를 놀라게 하다

* se dépêcher 서두르다

* sinon 그렇지 않으면

* être à l'heure 시간을 지키다

* pour ne pas faire attendre le professeur Legros 르그로 교수님이 기다리지 않도록

    – 동사원형을 부정하면 부정 표현을 동사원형 앞에 둔다.

Ce matin-là, il faisait très beau

Ce matin-là, il faisait très beau. Comme Jino ne voulait pas sortir, Mina est partie seule se promener au Jardin des Plantes. Il faisait doux, les fleurs et les plantes diffusaient leurs senteurs, elle marchait tranquillement dans une allée quand elle a entendu quelqu'un l'appeler.

Une jeune fille - Mina! Mina!

C'était une voix connue ; celle de Miji, une camarade de classe.

Miji - Salut, Mina. Qu'est-ce que tu fais là?

Mina - Oh! Quelle surprise! Ben, moi, comme tu sais, je suis en vacances à Paris avec mon frère. Mais toi, tu ne devais pas venir en France. Tu ne me l'avais pas dit. Quelle joie de te voir ici!

Miji - Tu comprendras quand je t'aurai expliqué. Mon professeur de français m'a fait donner une bourse d'études de trois mille euros, alors j'ai décidé de partir tout de suite.

Mina - Quelle chance de t'avoir rencontrée, en plus à Paris. Tu habites près d'ici ?

Miji - Non, je loge à la Cité Universitaire. En arrivant, je suis allée dans un bureau d'accueil pour les étudiants étrangers et le directeur m'a dit : 《Nous sommes en été, les étudiants français sont en vacances, vous pourrez trouver une chambre libre à la Cité Universitaire, je pense. Je vous donnerai des renseignements plus précis quand j'aurai téléphoné.》 Ainsi, j'ai pu y aller.

Mina - Y es-tu bien?

Miji - Oui, et j'en partirai avec regret.

Mina - Est-ce que tu connais le restaurant de la Cité Universitaire? On m'en a parlé.

Miji - Bien sûr, tu veux y venir?

Mina - Oui, pourquoi pas. J'avais prévu d'y déjeuner avec mon frère un jour, cette semaine.

Miji - Venez donc vendredi à midi, je vous attendrai boulevard Jourdan.

Mina - Ah, oui. Ce sera super. Tu es toujours aussi gentille.

Miji - Je t'en prie, ça me fait plaisir de vous revoir tous les deux. Quand nous aurons déjeuné, nous irons nous promener dans Paris tous les trois. Je sens qu'on va passer un bon moment. A vendredi.

핵심 문법

1. 전미래 (Futur antérieur)

전미래는 복합과거, 대과거와 같이 조동사를 이용해서 만드는 복합 시제로 단순미래 보다 한 시제 앞선 미래를 나타낸다.

만드는법 : 조동사 avoir나 être의 단순미래 + 과거분사

Quand nous aurons dîné, nous sortirons ensemble. 저녁 식사 후에 외출하자.
– Quand 이나 Lorsque는 원래 '~할 때'란 뜻이지만, 주절보다 한 시제 앞서면 '~후에'라고 번역된다.

Lorsque j'aurai terminé mes devoirs, j'irai au cinéma avec mes amis.
나는 숙제를 끝낸 후에 친구들과 함께 영화관에 갈 것이다.

2. 직설법 복합시제의 주요 3가지 시제

Temps simples 단순시제

Nous sortons ensemble 현재

Nous sortions ensemble 반과거

Nous sortirons ensemble 단순미래

Temps composés 복합시제

quand nous **avons déjeuné**. 복합과거

quand nous **avions déjeuné**. 대과거

quand nous **aurons déjeuné**. 전미래

3. 왕래발착, 장소이동 동사의 복합시제에서 주의할 점

왕래발착, 장소이동 동사들은 복합시제로 만들 때 자동사로 쓰일 때만 조동사로 être를 취하고, 타동사로 쓰일 때는 avoir를 취한다는 것에 주의를 해야 한다.

Verbes intransitifs 자동사

Elle **est montée** au huitième étage.
그녀는 9층으로 올라갔다.

J'**étais descendu** dans le jardin.
나는 정원으로 내려갔었다.

Elle **sera sortie** à neuf heures.
그녀는 9시에 외출할 것이다.

Verbes transitifs 타동사

Elle **a monté** les escaliers.
그녀가 계단들을 올라갔다.

J'**avais descendu** la colline.
나는 언덕을 내려갔었다.

Elle **aura sorti** son chien à neuf heures.
그녀는 9시에 자신의 개를 데리고 나갈 것이다.

본문 해설

* ce matin-là 그날 아침

* Comme Jino ne voulait pas sortir 지노는 외출하기를 원하지 않았기 때문에

* Mina est partie seule se promener 미나는 혼자 산책하러 떠났다

  – 왕래발착 동사 다음에 동사원형이 오면 목적(〜하러)의 뜻을 갖는다.

* seul,e 혼자, 홀로

* le Jardin des Plantes 식물원

* Il faisait doux 날씨는 온화했다

* diffuser 퍼뜨리다, 방송하다

* la senteur 향기

* tranquillement 조용히

* une allée 오솔길

* quand elle a entendu quelqu'un l'appeler 누군가가 그녀를 부르는 소리를 그녀가 들었을 때

  – '지각동사 + 의미상의 주어 + 동사원형'의 구문

* une voix connue 귀에 익은 목소리, 알고 있는 목소리

* celle de Miji 미지의 것(목소리) – celle은 앞의 voix를 받는 지시대명사 (뒤에서 자세히 배움)

* une camarade de classe 학급 동료

* Quelle surprise! 얼마나 놀라운지! – Quel,le + 무관사명사! 감탄을 나타낸다.

* ben (간투사) 어

* comme tu sais 너도 알다시피

* Tu ne me l'avais pas dit. 네가 나에게 그것을 말하지 않았는데.

  – 대과거 문장으로 전에 네가 빠리에 온다라는 말이 없었는데 빠리에 와있다니 놀랍다라는 의미를 나타내기 위하여 쓴 시제. 즉, 대과거 때에 말도 안하고 반과거 때에 빠리에 와있다는 게 믿기지 않는다란 뜻

* Quelle joie de te voir ici! 너를 여기서 만나다니 얼마나 기쁜지!

* Tu comprendras quand je t'aurai expliqué. 내가 너에게 설명을 하고 나면 너는 이해하게 될거야.

  – 전미래 구문

* Mon professeur de français m'a fait donner une bourse d'études de trois mille euros
  나의 프랑스어 교수님이 나에게 3천유로의 장학금을 주도록 하셨어

  – 'faire inf.' 사역 동사 구문, une bourse 장학금

* alors 그래서, 그때

* tout de suite 즉시

* en plus 게다가, 더군다나

* loger 묵다, 거주하다

* la Cité Universitaire 빠리 국제 기숙사촌

* un bureau d'accueil 접수처, 안내처

* Nous sommes en été 지금은 여름이다

* libre 비어있는, 자유로운

* je pense 내 생각에

* le renseignement 자료, 정보

* précis 정확한

* ainsi 그렇기 때문에, 따라서, 그와 같이

* j'ai pu y aller 나는 그곳에 갈 수 있었다

* Y es-tu bien? 너는 그곳에서 잘 지내니?

* j'en partirai avec regret 나는 그곳에서부터 아쉽게 떠날거야.

   – avec regret 아쉽게, 섭섭하게, 서운하게

* prévoir de inf. ～할 것을 계획하다

* un jour 하루, 어느 날

* je vous attendrai boulevard Jourdan 내가 너희들을 주르당가에서 기다릴거야.

   – '～길 (가)에서, ～길(가)로'란 뜻으로 쓰일 때는 거리 이름 앞에 전치사나 관사를 쓰지 않는다.

   cf) J'habite rue des Ecoles. 나는 에꼴가에서 살고 있다.

* super 멋진. 훌륭한

* Tu es toujours aussi gentille. 너는 항상 그렇게도 친절하구나.

   – aussi는 que와 함께 쓰이지 않을 경우에는 정도를 강조하는 표현이 되어 '그렇게(도)'란 뜻으로 번역된다.

* Je t'en prie 천만에

* ça me fait plaisir de inf. ～하는 것은 나를 기쁘게 한다

* Je sens que + 절 나는 ～라 느낀다, 생각한다

* A vendredi. 금요일에 보자.

   – 요일 앞에 전치사 A를 쓰면 그날 보자란 뜻이 된다.

Leçon 16

La veille, Mina et son frère avaient déjeuné avec Miji

La veille, Mina et son frère avaient déjeuné avec Miji, et Jino avait admiré les jardins de la Cité Universitaire. Il avait pensé : 《Comme notre amie a de la chance d'habiter au milieu d'un aussi beau parc! C'est bien plus agréable et ça coûte certainement moins cher que notre hôtel.》 Comme Jino reste toujours pragmatique, il n'oublie jamais tout à fait le côté pratique et matériel des choses de la vie.

Jino - Mina! Sortons! Lève-toi vite, et allons-nous-en. Il fait trop chaud dans cette chambre. J'étouffe. Allons au jardin du Luxembourg. J'en profiterai pour lire un livre aux sujets des châteaux français. Miji me l'a prêté hier. Comme ça, je connaîtrai un peu mieux les châteaux de Versailles et de Fontainebleau. Je dois aussi écrire à mon ami Jiho. J'avais promis de lui écrire dès mon arrivée à Paris, mais je ne l'ai toujours pas fait. Partons tout de suite, cette chaleur me rend nerveux.

Mina - Ce ne sera pas de refus mais j'ai trop de choses à faire. Toutes nos affaires sont en désordre. Il faut faire la lessive, balayer le sol, ranger tout ce désordre, faire la vaisselle d'hier soir. Je veux aussi écrire des lettres mais je ne peux pas écrire en plein air. Quand je suis dehors je suis distraite, je regarde les fleurs, les nuages, le ciel et puis le vent fait s'envoler les feuilles de papier. Vas-y tout seul, cela m'ennuie de rester ici par un si beau matin mais il le faut. Et je me laverai les cheveux et pendant qu'ils sècheront je relirai la lettre de Maman, je l'ai lue trop vite hier. J'irai te retrouver vers midi après que j'aurai tout rangé.

Jino - Mais il est seulement huit heures du matin. A dix heures j'aurai sûrement terminé la lecture du livre, surtout qu'il n'y a presque que des photos. Et j'aurai écrit quelques lettres. Après les avoir écrites j'irai me faire couper les cheveux. A midi, j'aurai faim, je serai au petit restaurant de la rue des Écoles. Tu n'auras qu'à m'y rejoindre à l'heure du déjeuner.

핵심 문법

1. 원인의 표현 **faire**와 **rendre**

a. **faire + inf.**

Le vent fait s'envoler les feuilles de papier. 바람이 종잇장들을 날려버린다.
= Les feuilles s'envolent à cause du vent.

La lettre me fait penser à mes parents. 편지가 나에게 부모님을 생각나게 한다.
= Je pense à mes parents à cause de la lettre.

b. **rendre** + 형용사

Cette chaleur me rend nerveuse. 이 더위가 나를 짜증나게 한다.
= Je suis nerveuse à cause de cette chaleur.

La pluie la rend triste. 비가 그녀를 슬프게 한다.
= Elle est triste à cause de la pluie.

2. 기본 시제 용법 총정리 – 부록 참조

a. 단순시제 – 조동사의 도움을 받지 않고 혼자 자체적으로 동사 변화하는 시제

– 현재 (Présent)

① 현재의 행위

Je travaille en ce moment. 나는 지금 일하고 있다.

② 현재 습관

Je fais de la natation tous les jours. 나는 매일 수영하고 있다.

③ 역사적 현재 – 과거의 행위를 보다 현장감 있게, 생생하게 표현하기 위해서

Il s'occupe des bagages, il cherche un chariot, puis nous allons devant la gare pour prendre un taxi.

그가 침을 챙기고 카트를 찾은 후, 우리는 택시를 타기 위해 역 앞으로 갔다.

- **단순미래 (Futur simple)**

① 미래에 일어날 일

Je te parlerai de cela tout à l'heure. 내가 너에게 그것에 대해서 조금 후에 말해줄게.

② 부드러운 명령 – 주어가 Tu나 Vous일 때

Tu me prêteras ton parapluie. 우산 좀 빌려 줘.

- **반과거 (Imparfait)**

① 과거 진행

Je travaillais quand elle est venue. 그녀가 왔을 때 나는 일하고 있었다.

② 과거 묘사

Il faisait beau, le soleil brillait, les fleurs avaient des couleurs gaies quand elle a visité le Jardin des Plantes.

그녀가 식물원을 방문했을 때, 날씨는 좋았고, 태양은 빛나고 있었고, 꽃들은 밝은 색을 하고 있었다.

③ 과거 습관

Je travaillais le dimanche. 나는 일요일마다 일하곤 했다.

b. 복합시제 – 조동사의 도움을 받아서 만들어지는 시제

- **복합과거 (Passé composé)**

① 현재의 행위보다 먼저 일어난 다른 행위

Quand Mina a lu un livre, elle le raconte à Jino.

미나는 책을 읽고 난 후에, 지노에게 이야기해주고 있다.

② 과거의 다른 행위의 연속

Jino s'est occupé des bagages, il a cherché un chariot, puis nous sommes allés devant la gare pour prendre un taxi.

지노가 침을 챙기고 카트를 찾은 후, 우리는 택시를 타기 위해 역 앞으로 갔다.

− 전미래 (Futur antérieur)

① 단순미래 보다 한 시제 앞선 미래

Demain, Mina aura lu un livre, elle le racontera à Jino.

내일, 미나는 책을 읽은 후에, 지노에게 이야기해 줄 것이다.

② 미래완료 − 주로 전치사 à, avant과 함께 독립절에서 많이 쓰인다.

J'aurai terminé mes devoirs avant onze heures.

나는 숙제를 11시 전까지 끝낼 것이다.

③ 과거 추측

Elle est en retard ; elle aura manqué le train.

그녀가 늦고 있다 ; 그녀가 열차를 놓쳤나 봐.

− 대과거 (Plus-que-parfait)

① 복합과거의 행위보다 앞서 일어난 과거의 다른 행위

Quand je suis arrivé à la gare, le train était déjà parti.

내가 역에 도착했을 때, 열차는 이미 떠났다.

② 반과거의 행위보다 앞서 일어난 과거의 다른 행위

Tous les matins, je faisais un footing quand j'avais pris mon petit déjeuner.

매일 아침, 나는 식사 후에, 조깅을 하곤 했다.

3. 시제 이해도

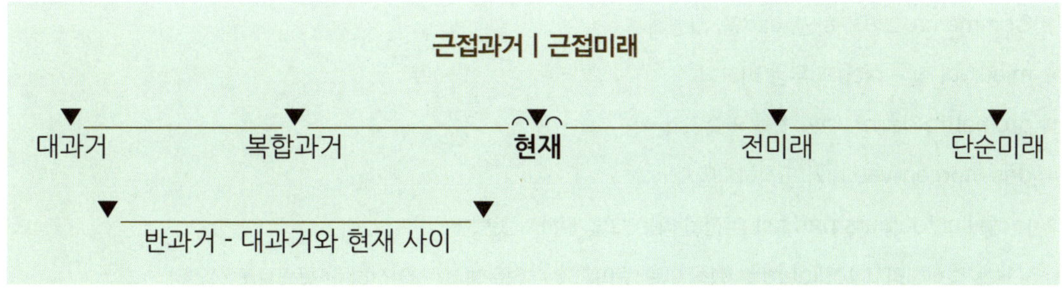

* la veille 그 전날 – 기준이 되는 그날이 과거이므로 '그 전날'은 주로 대과거와 함께 자주 쓰인다.

* admirer 감탄하다

* Comme notre amie a de la chance d'habiter au milieu d'un aussi beau parc! 우리 친구가 그렇게 아름다운 공원 한가운데에서 살다니 얼마나 행운인지! – comme는 감탄문을 이끌기도 한다.

* avoir de la chance de inf. ~해서 운이 좋다

* aussi – que없이 형용사나 부사 앞에 있으면 강조를 나타내 '그렇게도, 그처럼'으로 번역된다.

* bien plus 훨씬 더 – 비교급을 강조할 때 bien, encore, beaucoup등을 쓴다.

* coûter 값이 나가다

* moins cher que notre hôtel 우리 호텔보다 덜 비싸게 – 열등비교 구문

* Comme Jino reste toujours pragmatique 지노는 항상 현실적이기 때문에

    – comme 여기서는 '~ 때문에'

* 'rester + 형용사' ~한 채로 있다

* pragmatique 실제적인, 실용적인

* ne ~ jamais 결코 ~아니다

* tout à fait 완전히

* le côté pratique et matériel 현실적이고 물질적인 면

* allons-nous-en 나가자 – s'en aller

* J'étouffe. 숨막혀. 너무 더워.

* profiter de ~을 이용하다

* J'en profiterai pour lire un livre aux sujets des châteaux français. 나는 그것(뤽쌍부르 공원에 갈 기회)을 이용해서 프랑스 성들에 관한 책을 하나 읽을 거야.

* au sujet de ~에 관해

* Miji me l'a prêté hier. 미지가 어제 나에게 그것을 빌려주었어.

* Comme ça 그렇게 하면, 이처럼, 그렇게

* mieux 더 잘 – bien의 우등 비교형

* promettre de inf. ~할 것을 약속하다

* dès mon arrivée 내가 도착하자마자

* je ne l'ai toujours pas fait 여전히 나는 그렇게 하지 못했어

    – le는 중성대명사, toujours는 '항상'이란 뜻이지만 부정문에서는 '여전히'란 뜻으로도 쓰인다.

* tout de suite 즉시

* cette chaleur me rend nerveux 이 더위가 나를 짜증나게 한다

* Ce ne sera pas de refus mais j'ai trop de choses à faire. 거절하는 건 아닌데 나는 할 일이 너무 많아.

* Toutes nos affaires 모든 우리의 소지품들

* en désordre 어질러져있는

* Il faut faire la lessive 빨래를 해야 된다

* balayer le sol 바닥을 쓸다

* ranger tout ce désordre 어질러져 있는 모든 것을 정리하다

* faire la vaisselle 설거지하다

* en plein air 바깥에서, 노천에서

* Quand je suis dehors je suis distraite 밖에 있을 때면, 나는 주의가 산만하게 된다

    – dehors 바깥에, distrait 주의가 산만한, 방심한

* le nuage 구름

* le vent fait s'envoler les feuilles de papier 바람이 종잇장들을 날려 버린다.

* Vas-y tout seul 그곳에 혼자 가 – 형용사나 부사 앞에 있는 tout는 강조.

* Vas-y. – 원래는 –as에서 s를 탈락시켜 Va-y.인데 발음상 어감이 안 좋아 s를 다시 붙여준 것이다. 주어가 Tu일 때 동사 변화 어미가 –es나 –as일 경우에는 명령법에서 s가 탈락하지만 뒤에 모음으로 시작하는 대명사 y나 en이 올 때만 발음상 어감 때문에 s가 다시 붙는다.

    cf) Parles-en. 그러나 부정명령문이 되면 s가 다시 탈락된다. cf) N'en parle pas. N'y va pas.

* cela m'ennuie de inf. ∼하는 것은 나를 짜증나게 한다

* par un si beau matin 매우 화창한 아침에 – par는 날씨를 나타내는 전치사

* mais il le faut 그러나 그렇게 해야 한다 – le는 중성대명사

* se laver les cheveux 머리를 감다

* pendant qu'ils sècheront 그것들(머리카락들)이 마를 동안에

* sécher 마르다, 말리다

* après que j'aurai tout rangé 내가 모든 것을 정리한 후에 – 전미래 구문

* A dix heures j'aurai sûrement terminé la lecture du livre 10시에 나는 틀림없이 책 읽기를 끝내 놓을 거야.

    – 전미래의 미래완료 용법 구문

* surtout qu'il n'y a presque que des photos 거의 사진들만 있는 만큼 더더욱

    – surtout que ∼이니만큼 더더욱, ne ∼ que 단지 ∼만

* j'aurai écrit quelques lettres 몇 통의 편지들을 써놓을거야.

  – 전미래의 미래완료 용법 구문

* quelques 몇몇의

* Après les avoir écrites 그것들(편지들)을 쓴 후에

  – 'Après + 조동사의 동사원형 + 과거분사' ～한 후에 – 부정법과거 구문

* se faire couper les cheveux 이발하다

* Tu n'auras qu'à m'y rejoindre à l'heure du déjeuner. 점심 식사 때, 너는 그곳에서 나를 다시 만나기만 하면 될거야. – n'avoir qu'à inf. ～하기만 하면 된다

Leçon 17

La tour Eiffel

L'architecte Eiffel a terminé la tour Eiffel en 1889 ; au premier étage de ce monument de fer, il y avait et il y a encore, un restaurant ; aux yeux de Maupassant et de beaucoup de personnes de son temps, la tour Eiffel était quelque chose de très laid. Maintenant il n'est pas possible d'imaginer Paris sans la tour Eiffel.

Le 6 janvier 1890

J'ai quitté Paris et même la France parce que la tour Eiffel m'ennuyait trop ; non seulement on la voyait de partout mais on la trouvait partout, faite de toutes les matières, placée dans toutes les vitrines.

Quand on invitait un ami à dîner, il acceptait, à condition de manger sur la tour Eiffel ; c'était plus gai. Tout le monde vous invitait là tous les jours de la semaine pour déjeuner ou pour dîner!

Comment tous les journaux ont-ils osé nous parler d'architecture nouvelle à propos de cette échelle de fer géante? Elle est haute et maigre comme une cheminée d'usine ; l'architecture est aujourd'hui l'art le moins compris et le plus oublié.

Quelques églises, quelques palais du temps passé expriment à nos yeux toute la grâce et toute la grandeur des époques d'autrefois. Mais que pensera-t-on de notre temps?

(D'après Guy de MAUPASSANT.)

Maupassant est né en 1850, il est mort à Paris en 1893.

📖 1850년 프랑스 노르망디 지방 출신. 어머니의 친구인 플로베르에게서 직접 문학 지도를 받음. 사실주의 단편 작가. 대표작으로는 1880년 '비계 덩어리(Boule de suif)', 사실주의 문학의 대표 걸작인 1883년 '여자의 일생(Une vie)' 1884년 '목걸이(La parure)', 1885년 벨아미(Bel−Ami), 1899년 '죽음처럼 강하다(Fort comme la mort)'등이 있다. 1892년 니스에서 자살을 기도하여 파리 교외의 정신병원에 수용되다가 이듬해인 1893년 43세의 나이로 생을 마쳤다. 인생의 대부분을 우울증, 방랑벽, 여성에 대한 집착 등으로 불운하게 살다가 생을 마감한 비운의 작가

핵심 문법

1. **ennuyer(지겹게 하다, 지루하게 하다)와 s'ennuyer(지겹다, 지루하다)**

   a. **ennuyer quelqu'un : c'est ne pas l'intéresser**

   Les magasins n'intéressent pas Jino, ils l'ennuient.
   상점들은 지노를 흥미롭게 하지 못한다, 그것들은 그를 지겹게 한다.

   La tour Eiffel n'intéressait pas Maupassant, elle l'ennuyait.
   에펠탑은 모파상을 흥미롭게 하지 못했다, 그것은 그를 지겹게 했다.

   b. **s'ennuyer : quand on n'a rien à faire, quand on est seul, on s'ennuie.**

   Je n'ai rien à faire et je m'ennuie : il travaille toujours et il s'ennuie jamais.
   나는 할 일이 아무것도 없어서 지루하다 : 그는 항상 일해서 결코 지루하지 않다.

2. **부정대명사 (Pronoms indéfinis)**

   a. **quelque chose** 무엇인가, ~인 것 ↔ **ne ~ rien** 전혀 ~ 아니다

   대명사를 형용사가 꾸며주면 전치사 de를 그 사이에 넣는다.

   Aux yeux de Maupassant la tour Eiffel était quelque chose de laid.
   모파상의 눈에 에펠탑은 추한 것이었다.

   quelque chose의 부정형은 ne ~ rien이다.

   Je ne vois rien de laid dans la tour Eiffel.
   나는 에펠탑에서 추한 어떤 것도 보지 못한다.

   b. **quelqu'un** 누군가 ↔ **ne ~ personne** 어느 누구도 ~ 아니다

   대명사를 형용사가 꾸며주면 전치사 de를 그 사이에 넣는다.

   J'ai vu l'autre jour quelqu'un de très beau.
   언젠가 나는 매우 잘생긴 누구가를 보았다.

quelqu'un의 부정형은 ne ~ personne이다.

Je n'ai vu personne de laid ici.
이곳에서 나는 추한 어느 누구도 보지 못했다.

> **주의** une chose(물건, 것)나 une personne(사람)은 보통명사이다.
> une chose laide 추한 것, une personne laide 추한 사람
> Ces personnes ne sont pas laides. 이 사람들은 추하지 않다.

* un(une) architecte 건축가

* terminer 끝마치다

* au premier étage de ce monument de fer 철로 만든 이 기념물의 2층에

  – 전치사 de는 재료를 나타낸다.

* il y avait et il y a encore, un restaurant 레스토랑이 있었고 아직도 있다

* aux yeux de Maupassant et de beaucoup de personnes de son temps 모파상과 그의 시대의 많은
  사람들의 눈에는

* la tour Eiffel était quelque chose de très laid 에펠탑은 매우 추한 것 이었다

* Maintenant il n'est pas possible d'imaginer Paris sans la tour Eiffel. 지금, 에펠탑 없는 빠리를 상상
  한다는 것은 불가능하다. – (비인칭) il est possible de inf. ~하는 것은 가능하다

* même la France 프랑스조차 – même은 관사 바로 앞에 있으면 '~조차'란 뜻으로 번역되고, 관사 바로 뒤에 있
  으면 '같은'이란 뜻으로 번역된다. cf) la même heure 똑같은 시간

* non seulement ~ mais ~ 일뿐만 아니라 ~ 역시

* de partout 어디에서부터든지

* faite de toutes les matières, placée dans toutes les vitrines 모든 재료들로 만들어져 있고, 모든 진열창
  에 놓여 있는 – faite, placée는 모두 앞 문장의 la(에펠탑)를 수식해 주고 있다.

* à condition de inf. ~한다는 조건으로

* Comment tous les journaux ont-ils osé nous parler d'architecture nouvelle à propos de cette
  échelle de fer géante? 모든 신문들이 이 거대한 철 사다리에 관한 새로운 건축술에 대해서 감히 우리에게 어떻
  게 말했던가?

* oser inf. 감히 ~하다

* une architecture 건축술

* à propos de ~에 관한

* une échelle 사다리

* ~ de fer géante 거대한 철로 만든 – de는 재료를 나타내는 전치사

* maigre 야윈, 마른

* comme une cheminée d'usine 공장 굴뚝처럼

* l'art le moins compris et le plus oublié 가장 덜 이해되고, 가장 빨리 잊혀지는 예술

* Quelques églises, quelques palais du temps passé 지난 과거의 몇몇 성당 등과 몇몇 궁전들

* exprimer 표현하다, 나타내다

* à nos yeux 우리의 눈에

* toute la grâce et toute la grandeur des époques d'autrefois 옛날의 모든 우아함과 장엄함

* la grâce 우아함

* la grandeur 장엄함, 중대함

* Mais que pensera-t-on de notre temps? 그러나 (후세의) 사람들이 우리의 시대에 대해서 뭐라고 생각을 할까?

Leçon 18

Cela fait déjà plusieurs semaines que je suis à Paris

Paris, le 26 juin

Mon cher Jiho,

Cela fait déjà plusieurs semaines que je suis à Paris et je commence à bien connaître la ville. Les premiers jours, je demandais sans cesse mon chemin aux passants : 《Place de l'Etoile, c'est par où? Vous pouvez m'indiquer comment aller aux Champs-Elysées? Pour aller au Louvre, s'il vous plaît?》 Maintenant que j'arrive à me repérer, c'est plus agréable de se promener et surtout, je suis moins fatigué. Quand tu viendras à Paris, je pourrai te servir de guide.

Tu te demandes sûrement pourquoi je t'écris en français. C'est simple, je tiens à parler et à écrire en français pour progresser au maximum. Je veux profiter de mon séjour à Paris. Tu auras peut-être du mal à comprendre cette lettre, alors, demande à M. Legrand de t'aider. J'ai porté son petit paquet rue Lepic. Tout s'est passé comme prévu, dis-le-lui, je t'en prie, et fais-lui toutes mes amitiés. Et mes conversations avec lui m'ont été très utiles, grâce à elles j'ai pu me faire comprendre dès mon arrivée à Paris, de sorte que je n'avais pas l'air trop ignorant. Remercie-le pour moi.

Je suis sorti tôt ce matin, je suis passé à la poste acheter des timbres, je me suis rendu au jardin du Luxembourg pour y lire le journal et t'écrire. En général je préfère y aller le matin, c'est plus reposant à cette heure-ci. Il n'y a encore presque personne dans les allées, l'air y est plus frais. Quelques étudiants y lisent, écrivent, travaillent ou rêvassent.

C'est un grand jardin avec une belle pièce d'eau. Les parterres y sont remarquablement fleuris et les fleurs aux multitudes de couleurs représentent des formes géométriques. C'est un jardin à la française, très différent de nos jardins.

C'est incroyable, tout ce que j'ai pu faire en si peu de temps. J'ai visité Notre-Dame et la Sainte-Chapelle. J'ai fait une croisière sur la Seine. Nous y avons fait la connaissance d'un vieux monsieur très savant. Il nous a emmenés à la Comédie-Française en compagnie de sa petite-fille Violette. Cette dernière nous a présentés à son amie Mathilde, jeune actrice.

Cela te surprend, n'est-ce pas? En une seule soirée, j'ai fait la connaissance de deux jeune Parisiennes. J'ai fini la soirée chez une actrice de la Comédie-Française, j'ai dansé avec elle, j'ai bu du champagne excellent. Si tu ne me crois pas, tu pourras consulter mes photos sur mon blog.

Je n'oublierai pas non plus de t'envoyer des renseignements concernant les usines de voitures françaises, je te les enverrai dès que je les aurai rassemblés. Si tu as encore besoin de quelque chose, n'hésite pas à me le demander. Ce sera avec plaisir que je t'aiderai. Que de choses nous pourrons nous raconter quand nous nous reverrons!

Bonnes vacances, amuse-toi bien.

Amicalement.

Jino

핵심 문법

1. 간접목적보어 대명사 me, te, lui, nous, vous, leur

'전치사 à + 명사'를 대신해서 받는다. 위치는 긍정명령문을 제외하고 항상 동사 앞이다.

Je parle à son père. ☞ Je lui parle. 나는 그에게 말한다.

Elle ressemble à son frère. ☞ Elle lui ressemble. 그녀는 그를 닮았다.

(번역은 직목으로 하지만 ressembler 동사는 간목을 취한다.)

Il écrit à sa mère. ☞ Il lui écrit. 그는 그녀에게 편지를 쓴다.

Elle m'a présenté un acteur. 그녀가 나에게 배우를 소개해 주었다.

Je ne t'ai pas menti. 나는 너에게 거짓말을 하지 않았다.

Il nous a écrit une lettre. 그가 우리에게 편지를 썼다.

Je vous ai écrit en français. 나는 당신(들)에게 프랑스어로 편지를 썼다.

2. 중성대명사 y

전치사 à와 함께 쓰인 명사라 할지라도 y는 사람을 받을 수 없으며, 전치사 'à + 사물의 명사 또는 동사원형'을 대신해서 받는다.

Je pense à mon voyage. ☞ J'y pense. 나는 그것을 생각한다.

Il a répondu à mes questions. ☞ Il y a répondu. 그는 그것에 대답했다.

Elle tient à parler français. ☞ Elle y tient. 그녀는 그렇게 하기를 원한다.

– tenir à inf. ~하고 싶어하다, ~를 원하다

주의 전치사 'à + 사람'은 중성대명사 y로 못 받고 'à + 강세형'으로 한다.

Je pense à mon père. ☞ Je pense à lui. 나는 그를 생각한다.

Je pense à ma mère. ☞ Je pense à elle. 나는 그녀를 생각한다.

Il tient à moi. 그가 나를 좋아한다. – tenir à qn ~를 좋아하다

Elle tient à toi. 그녀가 너를 좋아한다.

Elles tiennent à eux. 그녀들은 그들을 좋아한다.

Vous tenez d'elle. 당신은 그녀를 닮았다.

– tenir de qn ~를 닮다 (= ressembler à qn)

Elle tient de moi. 그녀는 나를 닮았다.

* Mon cher Jiho 나의 사랑하는 지호

* Cela fait 시간 que ~한지 ~되다

* plusieurs semaines 몇 주

* les premiers jours 처음 며칠간

* sans cesse 끊임없이

* le chemin 길

* le passant 행인

* par où 어디를 통해서, 거쳐서

* Vous pouvez inf. ~? ~를 해주실 수 있습니까? – 부드러운 부탁이나 명령의 표현

* indiquer 가르쳐주다, 가리키다

* comment aller 어떻게 가다

    – 회화체에서는 주어가 확실히 나타나 있을 경우에는 주어 없이 의문사 바로 다음에 동사원형을 쓰면 된다.

* Pour aller au Louvre, s'il vous plaît? 죄송합니다만, 루브르 박물관으로 갈려고 하는데요?

    – 길을 물어 보는 표현 중에서 가장 흔히 사용되는 표현

* Maintenant que ~한 지금

* arriver à inf. ~할 수 있다

* c'est plus agréable de inf. ~하는 것이 더 즐겁다

* surtout 특히

* je pourrai te servir de guide 내가 너의 안내인 역을 맡을 수 있을 거야

    – servir de qn ~역을 맡다, ~로 쓰이다

* se demander 자문하다

* sûrement 틀림없이

* tenir à inf. ~하고 싶어 하다

* au maximum 최대한

* profiter de ~를 이용하다, 만끽하다

* mon séjour 나의 체류

* avoir du mal à inf. ~하기 힘들다

* peut-être 아마도

* demander à qn de inf. ~에게 ~ 할 것을 요구하다

* porter 가져다주다

* le paquet 소포, 꾸러미

* Tout s'est passé comme prévu 모든 것이 예상대로 되었다 – comme prévu 예상대로

* dis-le-lui 그것을 그에게 말해줘 – le는 중성대명사로 앞의 문장을 받는다

* je t'en prie 부디, 제발, 천만에

* fais-lui toutes mes amitiés 그에게 안부를 전해줘

* utile 유익한

* grâce à ~덕택에

* j'ai pu me faire comprendre 내 자신을 이해시킬 수 있었다

* dès mon arrivée 내가 도착하자마자

* de sorte que 그래서

* avoir l'air + 형용사 – ~처럼 보이다

* remercier qn ~에게 감사하다 – remercier 동사는 번역을 간목으로 하지만 항상 직목을 취한다.

* pour moi 나 대신에

* je suis passé à la poste acheter des timbres 나는 우표를 사러 우체국에 잠깐 들렸다

  – passer 동사는 자동사로 쓰일 때 왕래발착 동사와 같이 조동사로 **être**를 취한다. 그리고 왕래발착 동사 뒤에 동사원형이 오면 '~하러, ~하기 위하여'란 목적의 표현이 되기 때문에 위에서처럼 굳이 **pour**를 쓰지 않아도 목적의 표현이 된다.

* se rendre à ~에 가다

* En général 보통, 대개

* reposant 휴식을 주는, 피로를 풀어 주는

* à cette heure-ci 이 시간에는

* ne ~ personne 어느 누구도 ~ 아니다

* presque 거의

* une allée 오솔길

* frais, fraîche 시원한, 신선한

* quelques étudiants 몇몇의 학생들

* rêvasser 공상에 잠기다

* une pièce d'eau 연못

* Le parterre 화단

* remarquablement 눈에 띄게, 매우

* fleuri 꽃피어 있는

* les fleurs aux multitudes de couleurs 많은 색깔들의 꽃들 – 전치사 à는 소유 및 특징을 나타낸다.

* représenter 나타낸다, 표현하다

* géométrique 기하학적인

* à la française 프랑스식의, 프랑스풍의 – 'à la + 국가의 여성 형용사'는 '~나라 식의, ~나라 풍의'

* incroyable 믿을 수 없는

* tout ce que j'ai pu faire 내가 할 수 있는 모든 것

    – ce que는 영어의 what과 같은 것으로 선행사를 포함하는 관계대명사

* en si peu de temps 거의 얼마 되지도 않는 시간에

    – 전치사 en은 완료의 의미를 나타낸다. peu de는 '거의~아니다'란 부정의 뜻

* la Sainte-Chapelle 빠리 씨떼 역 근처에 있는 성당

    – 세계에서 가장 화려하고 아름다운 스테인드글라스가 있기로 유명함

* faire une croisière sur la Seine 세느강에서 유람선타고 관광하다

* faire la connaissance de qn ~와 사귀다, 알게 되다

* savant 박식한

* emmener 데리고 가다

* en compagnie de qn ~를 동반하여, ~와 함께

* la petite-fille 손녀

* Cette dernière 후자 – 앞 문장의 sa petite-fille Violette를 받는다.

* Cela te surprend, n'est-ce pas? 이것이 너를 깜짝 놀라게 하지, 그렇지 않니?

    – surprendre 깜짝 놀라게 하다

* En une seule soirée 단 하루 저녁 만에 – 전치사 en은 완료를 나타낸다.

* finir la soirée 저녁 시간을 끝까지 보내다

* Si tu ne me crois pas 네가 내 말을 믿지 못하면

* consulter 찾다, 열람하다

* sur mon blog 내 블로그에서

* ne ~ pas non plus 역시 ~아니다 – aussi의 부정 표현

* concernant ~에 관한

* je te les enverrai 내가 너에게 그것들을 보내줄게 – envoyer 보내다

* dès que ~하자마자 – 주절보다 한 시제가 앞선다

* dès que je les aurai rassemblés 내가 그것들을 모으자마자

    – rassembler 모아두다, 수집하다, 전미래 구문

* Si tu as encore besoin de quelque chose 네가 또 무언가 필요한 게 있으면

* hésiter à inf. ~하기를 주저하다

* Ce sera avec plaisir que je t'aiderai. 내가 너를 기꺼이 도와줄게.

    – C'est ~ que 영어의 it ~ that과 같은 강조 구문

* avec plaisir 기꺼이, 기쁘게

* Que de + 무관사명사 : 얼마나 많은 ~인지! – 감탄 구문

* se raconter 서로 이야기하다 – 상호적 대명동사

* se revoir 서로 다시 보다

* amuse-toi bien 재미있게 잘 지내

* Amicalement 안녕, 정답게, 우호적으로 – 편지 뒤에 형식적으로 써주는 끝맺음 말 중의 하나

Nous nous étions promis de nous écrire de longues lettres

Paris, le 3 juillet

Ma chère Mira,

Nous nous étions promis de nous écrire de longues lettres. Je tiens ma promesse comme tu tiendras la tienne, j'espère. Comment puis-je te raconter mon voyage, ma vie parisienne, mes rencontres avec mes amis français, tout ça en une seule lettre? Et par quoi commencer? C'est un vrai casse-tête.

Tout d'abord, la mode. J'ai bien regardé les robes des filles parisiennes et je peux t'assurer que les tiennes comme les miennes sont tout à fait à la mode. J'en ai vu de pareilles aux nôtres dans les magasins. Nous n'avons rien à leur envier.

En ce moment, je suis à la terrasse d'un café, rive gauche. Je suis entourée de Français, mais il y a aussi beaucoup d'étrangers. Paris est vraiment une ville cosmopolite. D'où je suis, je peux voir la vieille église de Saint-Germain-des-Prés. Je me trouve entre la Sorbonne et l'Ecole des Beaux-Arts.

Les rues de Paris sont bondées de voitures et les Parisiens roulent très vite. Ils sont toujours pressés et je les comprends bien, il y a tant de choses à voir et à faire ici. Entre le théâtre, les concerts, les musées, nous n'avons jamais le temps de nous ennuyer. Nous avons fait la connaissance de gens très gentils. Ils nous sortent et nous font découvrir des tas de choses passionnantes et extraordinaires. Je lis beaucoup de livres, en français bien sûr. J'en ai acheté quelques-uns mais mon amie Violette m'en a prêté plein. Son grand-père et elle ont une belle bibliothèque. En lisant deux heures par jour, je fais beaucoup de progrès.

Quand ma lettre arrivera, tu auras sans doute quitté la ville pour le bord de la mer. Tu seras en vacances et tu auras alors tout le temps de m'écrire longuement et de me donner des nouvelles de tout le monde. Nina a-t-elle commencé ses examens? Sora et Sémi ont-elles terminé les leurs? Et toi? Tu as sûrement passé les tiens avec succès. Ton père t'a-t-il acheté une voiture comme la mienne? Tu la désirais tant! Ecris-moi vite, j'attends avec impatience de vos nouvelles.

Je t'embrasse, Jino aussi.

Mina

1. 소유대명사 (Pronom possessif)

나의 것	너의 것	그(그녀)의 것	우리들의 것	당신(들)의 것	그(그녀)들의 것
le mien	le tien	le sien	le nôtre	le vôtre	le leur
la mienne	la tienne	la sienne	la nôtre	la vôtre	la leur
les miens	les tiens	les siens	les nôtres	les vôtres	les leurs
les miennes	les tiennes	les siennes	les nôtres	les vôtres	les leurs

Ce livre est à moi, il m'appartient, c'est mon livre, c'est le mien.
Cette montre est à moi, elle m'appartient, c'est ma montre, c'est la mienne.

Ce livre est à vous, il vous appartient, c'est votre livre, c'est le vôtre.
Cette montre est à vous, elle vous appartient, c'est votre montre, c'est la vôtre.

Ces livres sont à nous, ils nous appartiennent, ce sont nos livres, ce sont les nôtres.
Ces tables sont à eux, elles leur appartiennent, ce sont leurs livres, ce sont les leurs.

* Nous nous étions promis de nous écrire de longues lettres.
  우리는 서로에게 긴 편지를 쓰자고 서로 약속했었다.

* se promettre de inf. ~하기로 서로 약속하다(상호적 대명동사), 직설법 대과거 구문

  – se는 간목이기 때문에 과거분사 성수일치를 하지 않는다. (중급 과정에서 설명)

* s'écrire 서로에게 편지 쓰다(상호적 대명동사)

* tenir sa promesse 약속을 지키다

* comme tu tiendras la tienne 네가 너의 것(약속)을 지킬 것이기 때문에

* j'espère (내가) 바라건대

* puis-je – peux-je란 말이 없기 때문에 의문문에서 제2형인 puis를 사용한다.

* tout ça en une seule lettre 이 모든 것을 단 한 통의 편지로

* Et par quoi commencer? 그런데 무엇부터 시작할까? – commencer par ~부터 시작하다

* un casse-tête 골칫거리, 두통거리

* Tout d'abord 우선, 무엇보다도

* la mode 유행, 패션

* s'assurer que ~을 확인하다

* les tiennes comme les miennes 내 것(원피스)처럼 네 것(원피스)들

* être à la mode 유행을 따르다

* tout à fait 완전히

* J'en ai vu de pareilles aux nôtres dans les magasins.
  나는 상점들에서 우리들의 것과 똑같은 것들을 보았어. – en은 중성대명사로 robes(원피스)를 받고 있다.

* pareil,le à ~과 똑같은

* Nous n'avons rien à leur envier. 우리가 그녀들에게 부러워할 것이 전혀 없어

  – n'avoir rien à inf. ~할 게 전혀 없다, envier 부러워하다

* rive gauche 좌안(세느강을 중심으로 아래쪽 지역)

* entouré de Français 프랑스인들로 둘러 싸여있는

* une ville cosmopolite 국제 도시

* D'où je suis 내가 있는 곳에서부터

* se trouver 이다, 있다

* entre ~ et ~ ~과 ~사이에

* l'Ecole des Beaux-Arts 보자르 미대(프랑스 국립 미대)

* bondé de ~로 가득 찬

* rouler 차를 몰다

* pressé 바쁜

* tant de choses 너무나 많은 것들

* sortir 데리고 나가다, 끄집어내다, 외출하다

* faire inf. ~하게 하다

* découvrir 발견하다

* des tas de choses 많은 것들

* passionnant 아주 재미있는, 열광시키는

* extraordinaire 놀라운, 특별한

* J'en ai acheté quelques-uns 나는 그것 몇 개를 샀다 – en은 중성대명사로 앞 문장의 livres를 받는다.

* quelques-uns 몇몇의

* m'en a prêté plein 나에게 많은 것(책)들을 빌려주었다

    – 'plein de livres 많은 책들'에서 de livres를 중성대명사 en으로 받은 구문

* une bibliothèque 책장, 서재, 도서관

* En lisant deux heures par jour 하루에 두 시간씩 책을 읽으면서

* je fais beaucoup de progrès 나는 많은 발전을 하고 있다

* tu auras sans doute quitté la ville 너는 틀림없이 도시를 떠나고 없을 거야

    – 전미래 구문으로 앞 문장의 단순미래 구문 보다 한 시제 앞섬을 나타내주고 있다.

* pour le bord de la mer 바닷가를 향하여

* des nouvelles 소식

* Sora et Sémi ont-elles terminé les leurs? 소라와 세미는 그녀들의 것을 끝냈니?

    – les leurs는 leurs examens을 대신해 받는 소유대명사

* avec succès 성공리에

* comme la mienne 내 것(자동차)과 같은

* tant 무척

* avec impatience 초조하게

* de vos nouvelles 너희들의 소식들

* Je t'embrasse 안녕 – 편지 뒤에 형식적으로 써주는 끝맺음 말 중의 하나

Le Malade imaginaire

Dans le Malade imaginaire, Molière se moque des mauvais médecins et des faux malades. Argan est un malade imaginaire, il n'est pas vraiment malade mais il s'imagine l'être : Toinette veut se moquer de lui ; pour cela, elle a mis des vêtements de médecin et parle comme un médecin

Toinette. – Qui est votre médecin?

Argan. – M. Purgon.

Toinette. – Je ne connais pas cet homme-là parmi les grands médecins.
Pour quelle maladie vous soigne-t-il?

Argan. – Pour le foie.

Toinette. – C'est un ignorant, vous êtes malade du poumon.

Argan. – Du poumon?

Toinette. – Oui, que sentez-vous?

Argan. – Je sens de temps en temps des douleurs de tête.

Toinette. – Justement ; le poumon.

Argan. – J'ai quelquefois des maux de cœur.

Toinette. – Le poumon.

Argan. – J'ai quelquefois de la fatigue par tous les membres.

Toinette. – Le poumon. Vous avez de l'appétit quand vous mangez?

Argan. – Oui, Monsieur.

Toinette. – Le poumon. Vous aimez à boire un peu de vin?

Argan. – Oui, Monsieur

Toinette. – Le poumon, le poumon, vous dis-je.
Que vous ordonne votre médecin pour votre nourriture?

Argan. – Il m'ordonne du potage.

Toinette. – Ignorant!

Argan. – De la poule et du poulet.

Toinette. – Ignorant!

Argan. – Du veau.

Toinette. – Ignorant!

Argan. – Des œufs frais.

Toinette. – Ignorant!

Argan. – Et surtout de boire mon vin avec beaucoup d'eau.

Toinette. – Il faut boire votre vin pur et il faut manger de bon gros bœuf, du bon gros porc, du bon fromage de Hollande, votre médecin est ignorant et bête ; je veux vous en envoyer un autre et je viendrai vous voir de temps en temps pendant que je serai dans cette ville.

(D'après MOLIERE Le Malade imaginaire)

Acte Ⅲ, scène Ⅹ.

Molière est né à Paris en 1622 ; il est mort à Paris en 1673.

📖 본명은 Jean Baptiste Poquelin. 빠리 출생. 17세기의 대표적인 희극 작가. 대표작으로는 1664년 '위선자(Tartuffe)', 1670년 '서민 귀족(Le Bourgeois Gentilhomme)', 1672년 '박식한 여인들(Des femmes savantes), 1673년 '상상으로 앓는 환자(Le Malade imaginaire)' 등이 있다.

핵심 문법

1. 부분관사 (Articles partitifs) du, de la, de l'

Mangez du pain. 빵 드세요.
Buvez de l'eau. 물을 마시세요.
Prenez de la viande. 고기를 드세요.

부분관사에는 'un peu de(약간의)'란 의미를 포함하고 있지만, 번역은 하지 않는다.
un peu de pain, un peu d'eau, un peu de viande

Il m'ordonne **du** potage. 그가 나에게 **수프**를 먹으라고 처방해 주고 있어.

de la poule	**닭고기**
de l'alcool	**알코올, 술**
de l'eau	**물**

2. 부분관사 부정문 구문 – 부정의 de

부분관사도 타동사의 직접목적보어로 쓰여서 부정문이 되면 부정관사는 모두 부정의 de로 바뀐다.

Je bois du vin. ☞ Je ne bois pas de vin. 나는 와인을 마시지 않는다.
Vous avez de l'appétit. ☞ Vous n'avez plus d'appétit. 당신은 더 이상 식욕이 없다.

3. 중성대명사 en

중성대명사 en은 '부정관사, 부분관사, de + 명사, de + inf., 수형용사 + 명사'를 대신해서 받을 수 있다.

a. 부정관사 + 명사

J'ai des sacs. ☞ J'en ai. 나는 그것을 가지고 있다.

b. 부분관사 + 명사

Elle me donne de la viande. ☞ Elle m'en donne. 그녀가 나에게 그것을 준다.

c. de + 명사

Je n'ai plus d'appétit. ☞ J'en ai plus. 나는 더 이상 그것이 없다.

d. de + inf.

J'ai envie de danser. ☞ J'en ai envie. 나는 그러고 싶다.

e. 수형용사 + 명사

Elle a trois appartements. ☞ Elle en a trois. 그녀는 그것이 세 개다.

* se moquer de ~를 비웃다

* faux, fausse 잘못된, 사칭하는, 거짓된

* le(la) malade 환자

* un malade imaginaire 상상으로 앓는 환자

* il s'imagine l'être 그는 그렇다고 상상한다 – le는 앞 문장의 malade(주어 속사)를 받는 중성대명사

* mettre des vêtements de médecin 의사 복장을 하다

* comme un médecin 의사처럼

* parmi ~ 가운데, ~중에

* Pour quelle maladie vous soigne-t-il? 그는 어떤 병 때문에 당신을 치료하고 있습니까?

   – pour ~ 때문에, soigner 치료하다

* le foie 간

* un ignorant 무식한 사람

* vous êtes malade du poumon 당신은 폐병 환자이다.

* le poumon 폐

* sentir 느끼다 (sortir 계열 동사)

* de temps en temps 때때로

* des douleurs de tête 두통 – la douleur 고통, 괴로움

* Justement 바로 그거야, 맞습니다

* quelquefois 때때로

* des maux(un mal) de cœur (헛)구역질

* de la fatigue 피곤함

* par tous les membres 사지에, 몸 전체에

* Vous avez de l'appétit quand vous mangez? 식사할 때 식욕은 있으신가요?

* Le poumon, le poumon, vous dis-je. 폐 때문이군요, 폐, 라고 제가 당신에게 말씀드리고 있습니다.

   – 전달 동사 표현(~라고 말한다)이 문장 앞에 오지 않으면 주어, 동사를 도치한다.

   cf) Je vous dis, "Le poumon, le poumon."

* Que vous ordonne votre médecin pour votre nourriture?
   당신의 의사가 음식으로 무엇을 당신에게 처방 내리던가요? – ordonner 처방하다

* du potage 수프

* ignorant 무식한

* de la poule et du poulet 암탉과 닭고기

* du veau 송아지 고기

* des œufs frais 신선한 달걀

* un vin pur 물을 타지 않은 와인

* de bon gros bœuf 맛있는 살찐 소고기 – de는 부분관사 du와 같은 부분적 의미

* du bon gros porc 맛있는 살찐 돼지고기

* du bon fromage de Hollande 네덜란드산 맛있는 치즈

* bête 어리석은, 미련한

* je veux vous en envoyer un autre 제가 당신에게 다른 한 분(의사)을 보내드리고 싶군요

    – en은 중성대명사로 un autre médecin에서 médecin을 대신하고 있다.

* je viendrai vous voir de temps en temps 제가 당신을 보러 자주 오겠습니다

* pendant que ~하는 동안에

부록

1. TEXTE 해설
2. EXERCICES 정답
3. 프랑스어 동사 ·
   시제 흐름표

1. TEXTE 해설

1. 그것은 이 자동차들 중에서 가장 빠르다.

2. 그것은 이 트렁크들 중에서 가장 덜 가볍다. *la malle 트렁크, 여행용 대형가방

3. 사람들은 빠리에서 가장 맛있는 커피를 그곳에서 마신다.

4. 그녀가 그 지역 사회를 가장 잘 알고 있다.

5. 여기에 오이들이 있다. 그것을 따와라. *cueillir 따다

6. 여기에 체리들이 있다. 그것을 열 개 따와라.

7. 그것을 나에게 주세요. 나에게 그것을 주지 마세요.

8. 그것을 이용해라. 그것을 이용하지 마라.

9. 너는 가버린다. 가. *s'en aller 가버리다, 떠나가다

10. 네가 나에게 그것을 준다. 나에게 그것을 줘. 나에게 그것을 주지 마.

11. 내일, 프랑스에서도 역시 사람들은 일하지 않는다.

12. 나는 노래하기를 좋아하지 않습니다. 당신은요? – 저도 역시 아닙니다.

13. 죄송합니다만 저는 더 이상 기억이 나지 않습니다.

14. 고기는 나를 역겹게 해서, 결코 나는 그것을 먹지 않습니다. 저는 채식주의자입니다.
    *dégoûter 역겹게 하다, 싫증나게 하다 *végétarien,ne 채식주의자

15. 이 거리에 아무도 없어 나는 무섭다. *alors 그래서 *avoir peur 두려워하다, 걱정하다

16. 모든 것은 나에게 좋은 결과를 주고 있어 전혀 나는 실패하지 않는다. 인생은 나에게 미소를 짓고 나는
    운이 좋다. *réussir à (~에게) 도움이 되다, 좋은 결과를 주다 *rater 실패하다 *sourire 미소 짓다
    *avoir de la chance 운이 좋다

17. 나는 거의 돈이 없다.

18. 그녀는 퉁명스럽지도 않고 친절하지도 않다. *brusque 퉁명스러운, 갑작스러운

19. 그는 겨우 16살이다.

1. 나는 당신에게 이 책을 준다.

2. 나는 너에게 내 친구들을 소개한다.

3. 지노는 나에게 소포 하나를 보내주었다. *un colis 소포

4. 나는 오늘 아침 그(그녀)에게 엽서 한 장을 썼다. *une carte 엽서

5. 나는 그(그녀)들에게 말하지 않는다.

6. 당신이 나에게 이 책을 주는 겁니까?

7. 미나가 당신에게 그것을 말했습니까?

8. 당신은 그녀를(그것을) 보고 있습니까?

9. 나는 그녀를(그것을) 모릅니다.

10. 저를 도와주세요. 저를 도와주지 마세요.

11. 당신은 나에게 그것을 주지 않습니까?

12. 왜 너는 나에게 자주 말하지 않는 거니?

13. 나는 그를 알았지만, 그녀를 몰랐다.

14. 그녀가 나에게 그것을 보여 주었다.

15. 그녀는 그것들을 사지 않았다.

16. 그녀가 그(그녀)들에게 이 사진을 보여 주었다.

17. 나는 너에게 그것을 읽어줄 것이지만, 그(그녀)에게는 읽어 주지 않을 것이다.

18. 나에게 그것을 주고, 그(그녀)에게도 줘봐.

19. 그것을 나에게 줘봐, 그리고 그(그녀)에게도 줘.

20. 나에게 그것을 주지 마.

제3과

1. 그 나라에 가지 마세요. 그곳은 너무 추워요.　＊le pays 나라, 지방

2. 얼마나 예쁜 집인지! 너는 그곳에서 혼자 사니?

3. 당신은 자주 이 로봇을 만지십니다. 만지지 마세요.　＊toucher à ~을 만지다

4. 그가 입학시험에 합격했니? – 아니, 합격하지 못했어.　＊le concours d'entrée 입학시험

5. 그것을 곰곰이 생각하세요. 그것을 곰곰이 생각하지 마세요.

6. 네가 치즈를 먹었니? – 아니, 안 먹었어.

7. 당신은 프랑스 책들을 갖고 계십니까? – 예, 저는 그것들을 많이 갖고 있습니다.

8. 그 안에 몇 명의 사람들이 있습니까? – 약 이십여 명 됩니다.

    ＊Combien de 얼마나 많은 ~　＊dedans 그 안에

9. 저기에 햄이 있습니다. 그것을 원하십니까? – 저에게 주세요. 그에게도 주고요.

10. 저기에 바나나가 있다. 너에게 세 개 줄게. – 열 개 주세요.

11. 당신은 내일 확실히 다시 옵니까? – 예, 확실합니다.　＊être sûr,e de inf. ~하는 것이 확실하다

12. 오늘 저녁에 나는 영화관에 가서 10시경에 (그곳에서부터)되돌아 올 거야.

13. 여러분들은 즐겁습니까? – 예, 우리는 그렇습니다.　＊gai,e 즐거운

14. 그녀는 행복합니까? – 아니오, 그렇지 않습니다.

15. 당신은 올 수 있습니까? – 예, 그럴 수 있습니다.

16. 어제 그녀가 떠나지 않았다 ; 나는 그것을 몰랐었다.

17. 당신은 그녀가 어제 모임에 오지 않았다는 것을 알고 계십니까? – 예, 알고 있습니다.

    ＊savoir que ~을 알다 – que는 영어의 that과 같은 목적절을 이끌어 주는 접속사　＊la réunion 모임

제4과

1. 식당에 두 개의 테이블이 있다 ; 이것은 둥글고, 저것은 정사각형이다.

2. 이 열차가 저것보다 더 빠르다.

3. 이것은 나의 새 드레스입니다. 당신이 최근에 샀던 것을 보여 주세요.
   *dernièrement 최근에, 요즈음에

4. 이 길은 저것보다 더 좁다.

5. 그녀는 나에게 공격적으로 대답했다.   *agressivement 공격적으로

6. 나는 게으른 사람들을 좋아하지 않는다.   *paresseux,se 게으른

7. 마지막에 온 사람은 Pascal이다.

8. 제가 열차를 놓쳤네요. – 괜찮습니다. 다음 열차를 타세요.   *Ça ne fait rien 상관없다, 괜찮다

9. 나가기 위해서는 왼쪽 문을 택하세요. 그 문이 길 쪽으로 나있습니다.
   *donner sur ~로 나있다, ~를 향해 있다

10. 이 신발은 내 것이다. 그것들은 내 것이다. 그것들은 내 신발이다. 그것들은 내 것이다.

11. 우리가 우리의 딸을 학교로 데리고 갈 테니, 당신은 당신의 딸을 데리고 가세요.

12. 내가 내 약속을 지킬 테니, 네 약속을 지켜라.   *tenir la promesse 약속을 지키다

13. 이 도시는 내가 사는 도시보다 더 안락하다.   *confortable 안락한

14. 이것은 나의 자동차이고, 저것은 네 것인데, 그(그녀)의 것은 어디에 있니?

제5과

1. 여기에 재미있는 소설이 있다.

2. 흐르지 않는 물은 시원하지 못하다.   *frais,îche 시원한, 신선한

3. 그녀는 나에게 기쁨을 주는 미소를 띠고 있다.
   *un sourire 미소   *fait du bien à qn ~에게 기쁨을 주다, 도움이 되다

4. 나는 연극배우들의 삶에 대해서 말하고 있는 책을 읽었다.   *le comédien,ne (연극) 배우

5. 나는 당신이 잃어 버렸던 지갑을 발견했다.

6. 나는 네가 나에게 보내준 소포를 받았다.

7. 그것은 내가 사기를 원했던 컴퓨터이다.   *un ordinateur 컴퓨터

8. 나는 네가 열어 놓았던 덧문을 닫았다.   *le volet 덧문

9. 그녀는 내가 매우 잘 기억하고 있는 소녀이다.   *se souvenir de ~을 기억하다

10. 내가 그 아들을 잘 알고 있는 부인은 스위스 제네바에서 살고 있다.   *demeurer 살다

11. 내가 다가가고 있는 로봇을 잘 보세요.   *s'approcher de ~로 다가가다

12. 나는 지붕이 빨간 그 집을 샀다.   *le toit 지붕

13. 그녀는 내가 살고 있었던 도시의 교수였다.

14. 그녀가 나를 떠났던 그날을 오랫동안 나는 기억할 것이다.   *se rappeler 기억하다, 회상하다

15. 나는 당신이 휴가를 보냈던 해수욕장을 잘 알고 있습니다.   *la plage 해수욕장

16. 빠리에서 공부했던 그 해 동안에 나는 많은 것들을 배웠다.   *pendant ~동안

제6과

1. 나는 빠리에서의 바캉스에 대해서 말하고 있다.

2. 열차가 다리를 건너고 있다.   *franchir 통과하다, 뛰어넘다

3. 나는 배고파 죽겠다.   *mourir de ~해서 죽을 지경이다

4. 나는 한 달 전에 빠리를 떠났다.   *quitter 동사는 타동사이므로 조동사로 avoir를 취한다.

5. 그들은 택시에 올랐다.   *monter dans ~에 오르다, ~를 타다

6. 나는 내 친구들을 Deauville에서 방금 다시 만났다.   *venir de inf. – 근접과거

7. 너는 무엇을 먹을 건데?   *Qu'est-ce que 무엇을

8. 그들은 입학시험에 합격할 것이다.   *réussir à ~에 성공하다 *le concours d'entrée 입학시험

9. 우리는 곧 빠리에 있을 것이다.   *bientôt 곧

10. 그들은 10분 후에 곧 도착할 것이다.   *aller inf. – 근접미래 *dans + 시간 – ~후에

11. 그녀가 Opéra 앞의 카페 테라스에서 커피 한잔을 마시고 있다.
    *une tasse de café 커피 한잔

12. 길들의 모든 이름을 안다는 것은 불가능함에 틀림이 없다.   *devoir inf. ~임에 틀림없다. ~해야 한다
    *Il est impossible de inf. ~하는 것은 불가능하다

13. 이 책을 Mina에게 되돌려 주는 것을 잊어서는 안된다.   *Il faut inf. ~해야한다 *rendre 되돌려 주다

14. 에펠탑의 우편엽서들을 당신의 친구들에게 보내세요.   *enverrez – envoyer 동사의 단순미래형으로 가
    벼운 명령을 나타내고 있다.   *une carte postale 우편 엽서

15. 너는 오늘 오후에 무엇을 했니?

16. 나는 당신을 만나서 운이 좋았습니다.   *avoir de la chance de inf. ~해서 운이 좋다

17. Comédie-Française(프랑스 국립 연극 극장)에서 사람들은 매우 즐거워했고, 홀 안에서 많은 웃음소리
    를 들었다.   *s'amuser 즐기다 *le rire 웃음

제7과

1. 그 호텔은 소박했고 안락했지만 조용하지는 않았다. 그것은 시내 중심부에 있어서 수많은 자동차들이
   지나다니고 있었다.   *se trouver 있다 *nombreux,se 수많은, de nombreuses voitures 수많은 자
   동차들 – de는 복수의 de

2. 내 남편은 노래 부르기를 계속하였지만, 이웃 사람들을 방해하고 있었다. 그는 다른 사람들을 생각하는 것을 잊고 있었다.
   * continuait à(de) inf. ~하기를 계속하다 * gêner 방해하다 * les autres 다른 사람들

3. 택시가 호텔 앞에 멈추었을 때, 나는 약간 피곤했었다.

4. 나는 배가 고파서 혼자 저녁을 먹었다.   * seul,e 혼자, 홀로 * car 왜냐하면 ~때문이다

5. 그는 많은 일이 있어서, 사무실로 되돌아갔다.   * retourner 되돌아가다

6. 내가 큰 소리로 미나와 지나를 불렀을 때, 그녀들은 그곳에 없었다.   * à haute voix 큰 소리로

7. 나는 잠을 자고 있었는데 갑자기 전화가 울렸다.   * soudain 갑자기 * sonner 울리다

8. 내가 너를 불렀을 때, 너는 무엇을 하고 있었니?

9. 어제 나는 그의 여자 친구를 봤다. 그녀는 빨강 머리에 키가 컸다. 그녀는 예뻤다.
   * une petite amie 애인, 여자 친구 * roux,sse 빨강 머리의

10. 어렸을 때 나는 쉽게 웃고, 울곤 했다.   * rire 웃다 * pleurer 울다

11. 나는 Pierre를 Claude에게 소개했지만, 그 전에 그녀에게 그에 대해서 말을 해주었다.

12. 연극 프로그램에서 남자 친구의 이름을 봤기 때문에 나는 기뻤다.   * le copain 남자 친구

13. 젊은 사람들이 서로를 알아보자마자 그들은 말을 걸었다.   * se reconnaître 서로 알아보다

14. 그는 이메일을 받자마자 생각에 잠겼다.
   * rester 형용사(과거분사) ~한 채로 있다 * songeur,euse 생각에 잠긴

15. 프랑스에 왔을 때, 나는 프랑스어를 이미 열심히 공부했다.

16. 수영을 한 후에 나는 기분이 좋았다.
   * faire de la natation 수영하다 * de bonne humeur 기분이 좋은 * une humeur 기분, 기질

제8과

1. 우리는 점심 식사 후 함께 외출할 것이다.   * Quand이나 Lorsque는 주절보다 한 시제 앞서면 '~할 때'가 아니라 '~한 후'라고 번역한다.

2. 모든 너의 고기를 먹고 난 후에야 식탁에서부터 일어나 거라.
   * ne ~ que lorsque 단지 ~할 때만 * sortir de table 식사를 마치고 일어나다

3. 그녀가 되돌아오자마자 전화 드리겠습니다.   * dès que ~하자마자

4. 네가 선택하면 바로 주문할게.   * prendre la commande 주문하다 * dès que ~하자마자

5. 비가 그치자마자 함께 나가자.   * la pluie 비 * cesser 멈추다

6. 나는 이 편지를 자정이 되기 전에는 써놓을거야.

7. 나는 집에 다시 가야돼 ; 가스 잠그는 것을 잊은 것 같아.   * oublier de inf. ~하는 것을 잊다

8. 아이들이 춤추면서 운동장으로 나가고 있다.   * la cour 운동장

9. 웃으면서 그가 나를 떠나고 있다. 웃으면서 그가 나를 떠났다. 웃으면서 그가 나를 떠날 것이다.

10. 노래하면서 그녀는 설거지를 하고 있다.   *faire la vaisselle 설거지하다 *tout – 제롱디프 강조

11. 빨리 먹지 마세요, 천천히 드세요.

12. 이 숙제는 어렵지 않아서, 당신은 그것을 쉽게 할 겁니다.

13. 외출할 때, 그녀는 옷을 예쁘게 차려입는다.   *coquettement 매력적으로, 멋지게

14. 그는 심하게 화가남을 느꼈다.   *vexé,e 화가 난

15. 남편이 나에게 설거지하라고 조용히 요구했다.   *demander à qn de inf. ~에게 ~하라고 요구하다

16. 제가 악의적으로 그렇게 하지 않았습니다. 용서해 주십시오.
    *méchamment 악의적으로 *pardonner 용서하다

17. 그 후로, 그녀는 더 이상 요리를 안 해서, 남편은 차갑게 먹어야만 한다.
    *depuis 그 후로, ~이래로 *cuisiner 요리하다

18. 이 그림은 값이 얼마입니까? – 그것은 거의 3만 유로 정도 할 겁니다.
    *coûter 값이 나가다 *la peinture 그림 *trente mille 3만

제9과

1. 네가 원한다면, 우리는 한국어를 배울 수 있을 텐데.

2. 내가 10살이 더 어리다면, 너를 동반할 텐데.

3. 네가 시험에 합격하면, 부모님들이 기뻐할 텐데.

4. 그녀가 한가하면, 나를 보러 올 텐데.

5. 이 그림이 가치가 있다면, 그것을 팔 텐데.

6. 당신이 도와달라고 하면 저는 할 겁니다.

7. 네가 그(그녀)에게 상냥한 말을 하면, 그(그녀)에게 기쁨을 불러일으켜 줄 거야.
    *causer 야기하다 *la joie 기쁨

8. 저는 한국어를 배우고 싶습니다.   *J'aimerais inf. ~하고 싶다

9. 버스 정거장이 어디에 있는지 말씀해 주실 수 있습니까?   *l'arrêt d'autobus 버스정거장

10. 너는 커피를 약간 덜 마셔야 될 것 같아!

11. 당신은 마지막 순간까지 기다리지 말아야 될 것 같습니다.   *le dernier moment 최후일각

12. 그녀는 지금 한국어를 유창하게 말할 겁니다.   *couramment 유창하게

13. 당신은 20유로짜리 잔돈 없으신가요?   *la monnaie 잔돈, 거스름돈, 동전

14. Elsa한테 줄 선물 찾고 있니? 팔찌 하나 선물하면 좋을 것 같은데.
    *un bracelet 팔찌

1. 매일 아침 나는 일찍 일어난다. 즉시 이를 닦고 세수하고 머리를 빗고 빠르게 옷을 입는다. 식당에 가기 전에 집 근처 정원에서 나는 산책을 한다. 이어서, 가족끼리 식탁에 자리 잡는다. 내 가족은 다섯 명으로 구성되어 있다. 그러나 우리는 식탁에서 거의 말을 하지 않는다. 우리는 아침에 너무나 바쁘다.
   *de bonne heure 일찍 *tout de suite 즉시, 바로 *se brosser les dents 이를 닦다 *se peigner 머리를 빗다 *se promener 산책하다 *avant de inf. ~ 하기 전에 *se rendre à ~에 가다 *la salle à manger 식당 *ensuite 이어서, 다음에 *se mettre à table 식탁에 자리 잡다 *en famille 가족끼리 *se composer de ~로 이루어져 있다 *s'adresser 말을 걸다, 말하다 *la parole 말 *à table 식탁에서 *se presser 서두르다 *tellement 무척, 너무 *chaque matin 매일 아침

2. 그(그녀)의 자동차는 매우 빨리 멀어졌고, 10분 후에 병원 앞에 멈췄다.
   *s'éloigner 멀어지다 *dix minutes après 10분 후 *s'arrêter 멈추다

3. 내 여동생이 손가락에 상처를 입었다.   *se blesser 상처입다 *le doigt 손가락

4. 앉으세요, 여러분.   *s'ssseoir 앉다 *mesdames – madame의 복수형

5. 불에 몸을 덥혀라.   *se réchauffer (자신의 몸을) 덥게하다 *le feu 불

6. 속담이 이렇게 말하고 있다. '하늘은 스스로 돕는자를 돕는다.'
   *le proverbe 속담 *s'aider 스스로를 돕다

7. 눈을 피곤하게 하지 마세요. 햇빛을 받을 때는 선글라스를 착용하세요.
   *se fatiguer 스스로를 피로하게 하다 *porter 착용하다 *des lunettes de soleil 선글라스

8. 그녀들은 초조해 하며 서로를 바라보았다.   *inquiet,ète 초조한, 불안한

9. 그들은 서로에게 인사했다.

10. 큰 아파트 건물들이 이 지역에 세워졌다.   *un immeuble 아파트, 건물 *se bâtir 세워지다

11. 그녀의 이름은 어떻게 됩니까? – 김지나입니다.

12. 이 단어를 프랑스어로 뭐라고 합니까?   *se dire 지칭하다 *le mot 단어

13. 요즘, 이 단어는 드물게 사용되어집니다.
    *de nos jours 요즘 *s'employer 사용되다 *rarement 드물게

14. 와인은 이곳에서 제조되어지고 있다.   *se fabriquer 제조되다 *un endroit 장소, 곳

15. 내가 새쪽으로 다가가자 날아가 버렸다.   *s'approcher de ~로 다가가다 *s'envoler 날아가다

16. 당신의 열은 매우 빠르게 사라질 것입니다.   *la fièvre 열 *s'en aller 가버리다

17. 아야! 라고 미나가 소리쳤다.   *aïe[aj] 아야(감탄사) *s'écrier 소리치다

18. 왜 당신은 나를 비웃고 있습니까?   *se moquer de ~를 비웃다

19. 나는 내 눈을 믿는다.   *se fier à ~를 믿다

20. 당분간은 나한테 신경 쓰지 마세요.   *s'occuper de ~를 돌보다 *pour l'instant 당분간은

21. 돈 문제가 아니라 당신의 장래 문제입니다.

*il s'agit de ~이 문제이다, ~이 중요하다 *un avenir 장래, 미래

22. 어떻게 지내세요? – 고맙습니다, 약간 피곤해서 몸이 안 좋고, 열이 있습니다. 아마 감기 걸렸나 봅니다. *se porter 지내다 *se sentir bien 몸(컨디션)이 좋다 *s'enrhumer 감기 걸리다 *peut-être 아마

23. 나는 작업에 착수했는데, 그녀들은 놀기 시작했다.
*tandis que ~인 반면에 *se mettre au travail 일에 착수하다 *se mettre à inf. ~하기 시작하다
*jouer 놀다

24. 당신은 도대체 어디에서 그렇게 오랫동안 머물러 있었습니까? – 길을 잘못 들어서, 숲 속에서 길을 잃었습니다. *rester 머물다(조동사로 être를 취한다) *donc (의문문) 도대체, (평서문) 그래서, (명령, 감탄문) 강조 *si longtemps 매우 오랫동안 *se tromper de ~을 잘못 알다 *le chemin 길 *s'égarer 길을 잃다

2. EXERCICES 정답

제1과

1. 1) 내 부인이 그 상점에서 가장 아름다운 목걸이를 샀다.

2) 이것은 나의 소장품 중에서 가장 예쁜 반지이다.

3) 그녀는 세상에서 가장 작은 보석들을 팔고 있다.

4) 이분이 그 모임에서 가장 덜 수다스러운 사람이다.

5) Chloé는 사무실에서 가장 덜 우아한 아가씨이다.

6) 내 여자 친구는 이 지역에서 가장 독창적인 목걸이들을 만들어 내고 있다.

7) 가장 오래된 소식들은 전혀 나의 흥미를 끌어 주지 못한다.

8) 이것이 이 레스토랑에서 가장 훌륭한 샐러드입니다.

9) 문법 강의가 시작된다. 그것은 나를 가장 지겹게 한다.

10) Eva는 직장 동료들 중에서 가장 많이 웃는다.

11) Clara는 반에서 가장 진지하지 못한 학생이다.

12) 나는 내가 원하는 만큼 먹는다.

13) 나는 너 만큼의 실수가 있고, 그는 실수를 가장 덜 한다.

14) 저기에 가장 재미있는 책이 있다.

15) 이것은 나의 가장 아름다운 드레스이다.

16) 그녀는 회사 동료들 중에서 가장 많이 일한다.

17) 그는 회사 동료들 중에서 가장 잘 일한다.

18) 서울은 한국에서 가장 큰 도시이다.

19) 서울은 한국의 모든 도시들 중에서 가장 크다.

2. 1) Ouvre le volet. N'ouvre pas le volet.

2) Réponds-lui. Ne lui réponds pas.

3) Donne-moi un paquet.

 Ne me donne pas de paquet.

4) Suis-les. Ne les suis pas.

5) Conduis-moi. Ne me conduis pas.

6) Appelle-les. Ne les appelle pas.

7) Attends-moi. Ne m'attends pas.

8) Sois calme. Ne sois pas calme.

9) Ayons de la patience.

 N'ayons pas de patience.

10) Sachez la vérité. Ne sachez pas la vérité.

11) Vas-y. N'y va pas.

12) Parles-en. N'en parle pas.

3. 1) ① 2) ③ 3) ② 4) ③

제2과

1. 1) Elle le montre au douanier.

2) Il lui montre son passeport.

3) Je le lui montre.

4) Ils lui ont montré leurs passeports.

5) Ils les ont montrés au douanier.

6) Ils les lui ont montrés.

2. 1) Passe-moi le billet. Ne me passe pas le billet.

2) Suivez-les. Ne les suivez pas.

3) Ouvre-les. Ne les ouvre pas.

4) Appelons- le(la). Ne l'appelons pas.

5) Attends-moi. Ne m'attends pas.

6) Dites-moi bonjour. Ne me dites pas bonjour.

7) Conduis-moi. Ne me conduis pas.

8) Ferme-les. Ne les ferme pas.

3. 1) Je lui parle de Paris. Je ne lui parle pas

de Paris.

2) Il te parle de la Corée. Il ne me parle pas
de la Corée.

3) Ils vous parlent de Paris. Ils ne nous parlent pas de Paris.

4) Parlez-moi de Paris. Ne me parlez pas
de Pierre.

5) Je lui ai parlé de Paris. Je ne lui ai pas
parlé de Paris.

6) Il t'a parlé de la Corée. Il ne m'a pas
parlé de la Corée.

7) Ils vous ont parlé de Paris. Ils ne nous
ont pas parlé de Paris.

8) Je l'aime. Je ne l'aime pas.

9) Je l'ai aimée. Je ne l'ai pas aimée.

10) Regarde-la. Ne la regarde pas.

11) Je ne leur ai pas parlé de Marie.

12) Tu me le donnes. Donne-le-moi. Ne me
le donne pas.

13) Tu les leur donnes. Donne-les-leur. Ne
les leur donne pas.

4. 1) ③ 2) ④ 3) ② 4) ①

제3과

1. 1) Tu lui parles.

2) Leur as-tu parlé souvent?

3) Vous lui répondez.

4) Répondez-lui.

5) Vous y répondez.

6) Répondez-y.

7) Vous la lui écrivez.

8) Écrivez-la-lui.

9) Il est heureux et elle l'est aussi.

10) Vous y allez.

11) Vous n'y allez pas.

12) Allez-y.

13) N'y allez pas.

14) Tu en as besoin?

15) Je vous en donnerai trois.

16) Je l'y attends.

17) Parlez-m'en.

18) Je n'en ai pas.

19) Montrez-la-moi.

20) Je les y ai accompagnés.

21) Je le suis.

22) Vous le voulez?

23) Je le sais.

2. 1) je m'y habitue. – je ne m'y habitue pas.

2) j'en ai envie. – je n'en ai pas envie.

3) j'y ai pensé. – je n'y ai pas pensé.

4) je m'en suis occupé. – je ne m'en suis
pas occupé.

5) elles le sont. – elles ne le sont pas.

6) je le veux. – je ne le veux pas.

3. 1) ② 2) ① 3) ② 4) ②

5) ① 6) ③ 7) ④

제4과

1. 1) Celles 2) ceux 3) celle

4) celle 5) celui

2. 1) celui-là 2) celle-là 3) ceux-là

4) celles-là   5) celle-là

3. 1) la tienne   2) la sienne   3) la vôtre

   4) les siennes   5) les miennes

   6) la nôtre   7) le vôtre   8) les leurs

4. 1) ①   2) ②   3) ③

제5과

1. 1) J'habiterai dans cette ville qui est très jolie.

   2) Voilà ma voiture que je lave tous les jours.

   3) C'est la maladie grave dont elle souffre beaucoup.

   4) Le studio dont elle me parle souvent ne me plaît pas.

   5) C'est un quartier où j'ai passé toute mon enfance.

   6) Le pays où je suis né n'est pas loin d'ici.

   7) Je suis allée au cinéma le 7 où j'ai rencontré cette jolie fille.

   8) Ils ont deux enfants dont ils sont très fiers.

2. 1) dont   2) dont   3) que   4) où

   5) qui   6) où   7) que   8) que

   9) dont   10) que   11) que   12) dont

   13) dont   14) qui   15) où   16) qui

   17) dont   18) où   19) qui   20) dont

   21) où   22) dont

3. 1) qui, qu', qui, briquet

   2) qui, dont, vélo, bicyclette

   3) que, Le Petit Prince

4) que, dont, stylo

5) que, qu', dictionnaire

4. 1) ②   2) ③   3) ②

제7과

1. 1) faisais, disais, écrivait, lisions, riiez, conduisaient

   2) vivaient   3) était

   4) couraient   5) prenait, berçait

   6) avait   7) accueillais

   8) asseyait   9) demandait, connaissais

   10) courais, pleuvait

2. 1) Ils étaient venus   2) avais débranché

   3) avais perdu   4) avait raté

   5) étaient partis   6) avais fini

   7) avais déjà étudié   8) avaient vu

   9) avais lu   10) avait pris

3. 1) ③   2) ①   3) ②   4) ③

제8과

1. 1) aurons gagné

   2) auras été

   3) aura lu

   4) sera sortie

   5) serai arrivé(e)

   6) aurai défait

   7) aura vu

   8) auras terminé

   9) aura oublié

10) aurai fait

2. 1) en allant

   2) en courant

   3) en mangeant

   4) en plaçant

   5) en souriant

   6) en criant

3. coquettement, complètement, couramment, facilement, fraternellement, gaiement, habituellement, justement, légèrement, lentement, longuement, lourdement, naturellement, profondément, proprement, prudemment, rapidement, sûrement, vraiment

4. 1) ④ 2) ① 3) ② 4) ②

5. 1) ④ 2) ① 3) ④

제9과

1. 1) faisait, partirais

   2) sortais, finirais

   3) aviez, viendriez

   4) allais, t'amuserais

   5) écoutiez, comprendriez

   6) conduisais, seraient

   7) montais, verrais

   8) voyiez, éprouveriez

   9) vouliez, irions

   10) assistiez, souririez

2. 1) voudrais, Mireille와 말하고 싶습니다.

   2) désirerais, 당신에게 질문을 드리고 싶습니다.

   3) Pourriez, 이 책을 저에게 빌려 주실 수 있습니까?

   4) Voudriez, 문을 닫아 주시겠습니까?

   5) Auriez, 걱정이 되십니까?

   6) devriez, 당신은 이 일을 더 일찍 끝내셔야 될 것 같습니다.

   7) aimerais, 나는 내일 똑같은 장소, 똑같은 시간에 너를 다시 보고 싶어.

   8) auriez, 10유로짜리 잔돈 있으세요?

3. 1) visiterais   2) m'appelais   3) irais

   4) serions   5) étais   6) permettait

   7) mangerai   8) dirai   9) pourrais

   10) serais

4. 1) ③   2) ①   3) ②

제10과

1. 1) Te rappelles-tu le jour?

   2) Vous levez-vous tôt?

   3) Nous levons-nous?

   4) T'assieds-tu dans le fauteuil?

   5) Te dépêches-tu?

2. 1) Rappelle-toi le jour.

   2) Levez-vous tôt.

   3) Levons-nous.

   4) Assieds-toi dans le fauteuil.

   5) Dépêche-toi.

3. 1) Ne te rappelle pas le jour.

   2) Ne vous levez pas tôt.

3) Ne nous levons pas.

4) Ne t'assieds pas dans le fauteuil.

5) Ne te dépêche pas.

4. 1) 재귀적 – 그녀는 트럭 뒤로 숨었다.

2) 상호적 – 그녀들은 매일 이메일을 서로에게 보낸다.

3) 상호적 – 개들이 오래 전부터 서로 싸우고 있다.

4) 수동적 – 배추들이 이번 계절에는 잘 팔렸다.

5) 본질적 – 너는 잘못을 후회하고 있지 않다.

6) 상호적 – 우리는 서로 사랑해야만 한다.

7) 본질적 – 가!

5. ②

6. ①

7. ④

8. 1) ④   2) ②

1군 동사 현재 어미 – e, es, e, ons, ez, ent

2군 동사 현재 어미 – is, is, it, issons, issez, issent

복합과거 – 조동사 avoir나 être의 현재 + 과거분사

단순미래 어미 – ai, as, a, ons, ez, ont

반과거 – 현재 1인칭 복수 어간 + ais, ais, ait, ions, iez, aient (être는 J'étais ~)

전미래 – 조동사 avoir나 être의 단순미래 + 과거분사

대과거 – 조동사 avoir나 être의 반과거 + 과거분사

조건법 현재 – 단순미래 어간 + 반과거 어미(예외 없음)

조건법 과거 – 조동사 avoir나 être의 조건법 현재 + 과거분사

	acheter 사다		**aller** 가다	**appeler** 부르다	
	J'achète Tu achètes Il achète Nous achetons Vous achetez Ils achètent		Je vais Tu vas Il va Nous allons Vous allez Ils vont	J'appelle Tu appelles Il appelle Nous appelons Vous appelez Ils appellent	
과거분사	acheté		allé	appelé	
단순미래	J'achèterai		J'irai	J'appellerai	
동일변화	achever crever lever mener peser semer	끝마치다 터지다 일으키다 데리고 가다 무게가 나가다 씨를 뿌리다		épeler jeter	철자를 말하다 던지다

	s'asseoir 앉다	**avoir** 가지다	**boire** 마시다
	Je m'assieds Tu t'assieds Il s'assied Nous nous asseyons Vous vous asseyez Ils s'asseyent	J'ai Tu as Il a Nous avons Vous avez Ils ont	Je bois Tu bois Il boit Nous buvons Vous buvez Ils boivent
과거분사	assis	eu	bu
단순미래	Je m'assiérai	J'aurai	J'boirai

	conduire 데리고 가다		**connaître** 알다		**courir** 달리다	
	Je conduis Tu conduis Il conduit Nous conduisons Vous conduisez Ils conduisent		Je connais Tu connais Il connaît Nous connaissons Vous connaissez Ils connaissent		Je cours Tu cours Il court Nous courons Vous courez Ils courent	
과거분사	conduit		connu		couru	
단순미래	Je conduirai		Je connaîtrai		Je courrai	
동일변화	construire cuire détruire instruire introduire produire réduire traduire	건설하다 굽다 파괴하다 가르치다 도입하다 생산하다 줄이다 번역하다	apparaître disparaître paraître reconnaître	나타나다 사라지다 〜처럼 보이다 알아보다	accourir parcourir recourir à secourir	달려오다 돌아다니다 〜에게 도움을 청하다 구조하다

	croire 믿다	**cueillir** 따다	**devoir** 해야한다
	Je crois Tu crois Il croit Nous croyons Vous croyez Ils croient	Je cueille Tu cueilles Il cueille Nous cueillons Vous cueillez Ils cueillent	Je dois Tu dois Il doit Nous devons Vous devez Ils doivent
과거분사	cru	cueilli	dû
단순미래	Je croirai	Je cueillerai	Je devrai
동일변화		accueillir 맞이하다 recueillir 모으다	

	dire 말하다	**écrire** 쓰다	**envoyer** 보내다
	Je dis Tu dis Il dit Nous disons Vous dites Ils disent	J'écris Tu écris Il écrit Nous écrivons Vous écrivez Ils écrivent	J'envoie Tu envoies Il envoie Nous envoyons Vous envoyez Ils envoient
과거분사	dit	écrit	envoyé
단순미래	Je dirai	J'écrirai	J'enverrai

	être 이다, 있다	**faire** 하다, 만들다	**falloir** (비인칭) 필요하다, 해야 한다
	Je suis Tu es Il est Nous sommes Vous êtes Ils sont	Je fais Tu fais Il fait Nous faisons Vous faites Ils font	Il faut
과거분사	été	fait	fallu
단순미래	Je serai	Je ferai	Il faudra

	lire 읽다		**mettre** 놓다		**mourir** 죽다
	Je lis Tu lis Il lit Nous lisons Vous lisez Ils lisent		Je mets Tu mets Il met Nous mettons Vous mettez Ils mettent		Je meurs Tu meurs Il meurt Nous mourons Vous mourez Ils meurent
과거분사	lu		mis		mort
단순미래	Je lirai		Je mettrai		Je mourrai
동일변화	élire relire	선거하다 다시 읽다	admettre commettre permettre promettre soumetre	인정하다 저지르다 허락하다 약속하다 복종시키다	

	naître 태어나다	**ouvrir** 열다		**peindre** 그리다	
	Je nais Tu nais Il naît Nous naissons Vous naissez Ils naissent	J'ouvre Tu ouvres Il ouvre Nous ouvrons Vous ouvrez Ils ouvrent		Je peins Tu peins Il peint Nous peignons Vous peignez Ils peignent	
과거분사	né	ouvert		peint	
단순미래	Je naîtrai	J'ouvrirai		Je peindrai	
동일변화		couvrir découvrir offrir souffrir	덮다 발견하다 주다 고통을 느끼다	atteindre craindre éteindre joindre plaindre teindre	도달하다 걱정하다 끄다 합치다 동정하다 염색하다

	pouvoir 할수있다	**pleuvoir** (비인칭) 비가 오다	**prendre** 잡다, 먹다	
	Je peux Tu peux Il peut Nous pouvons Vous pouvez Ils peuvent	Il pleut	Je prends Tu prends Il prend Nous prenons Vous prenez Ils prennent	
과거분사	pu	plu	pris	
단순미래	Je pourrai	Il pleuvra	Je prendrai	
동일변화			apprendre comprendre entreprendre surprendre	배우다 이해하다 시도하다 놀라게 하다

	recevoir 받다, 맞이하다		**répondre** 대답하다		**rire** 웃다	
	Je reçois Tu reçois Il reçoit Nous recevons Vous recevez Ils reçoivent		Je réponds Tu réponds Il répond Nous répondons Vous répondez Ils répondent		Je ris Tu ris Il rit Nous rions Vous riez Ils rient	
과거분사	reçu		répondu		ri	
단순미래	Je recevrai		Je répondrai		Je rirai	
동일변화	apercevoir concevoir	발견하다 구상하다, 고안하다	attendre défendre descendre entendre rendre prétendre tendre vendre	기다리다 금지하다 내려가다 듣다 되돌려주다 주장하다 내밀다 팔다	sourire	미소 짓다

	savoir 알다		**sortir** 외출하다		**suivre** 따라가다, 수업을 받다	
	Je sais Tu sais Il sait Nous savons Vous savez Ils savent		Je sors Tu sors Il sort Nous sortons Vous sortez Ils sortent		Je suis Tu suis Il suit Nous suivons Vous suivez Ils suivent	
과거분사	su		sorti		suivi	
단순미래	Je saurai		Je sortirai		Je suivrai	
동일변화			consentir dormir mentir partir sentir servir	동의하다 자다 거짓말하다 떠나다 느끼다 대접하다, 시중들다	poursuivre	뒤쫓다

	se taire 침묵하다	**valoir** 가치가 있다	**venir** 오다	
	Je me tais Tu te tais Il se tait Nous nous taisons Vous vous taisez Ils se taisent	Je vaux Tu vaux Il vaut Nous valons Vous valez Ils valent	Je viens Tu viens Il vient Nous venons Vous venez Ils viennent	
과거분사	tu	valu	venu	
단순미래	Je me tairai	Je vaudrai	Je viendrai	
동일변화			contenir devenir obtenir retenir revenir se souvenir tenir	포함하다 〜이 되다 얻다 돌려주지 않다 다시 오다 기억하다 잡다, 지니다

	vivre 살다	**voir** 보다	**vouloir** 원하다
	Je vis Tu vis Il vit Nous vivons Vous vivez Ils vivent	Je vois Tu vois Il voit Nous voyons Vous voyez Ils voient	Je veux Tu veux Il veut Nous voulons Vous voulez Ils veulent
과거분사	vécu	vu	voulu
단순미래	Je vivrai	Je verrai	Je voudrai